초보 설교자를 위한 설교 가이드

초보 설교자를 위한
설교 가이드

Copyright ⓒ KEUN SAM 2016

1쇄발행_ 2016년 3월 20일
지 은 이_ 박성환
펴 낸 이_ 오명옥
펴 낸 곳_ 큰샘출판사

출판등록_ 제2014-000051호(1995. 3. 10)
주　　소_ 서울시 영등포구 도신로 244
전　　화_ 02) 6225-7001~3
팩　　스_ 02) 6225-7009

ISBN _ 978-89-89659-37-2 93230
정 가_ 10,000원

(CIP제어번호 : CIP2016007096)

초보 설교자를 위한
설교 가이드

박성환 지음

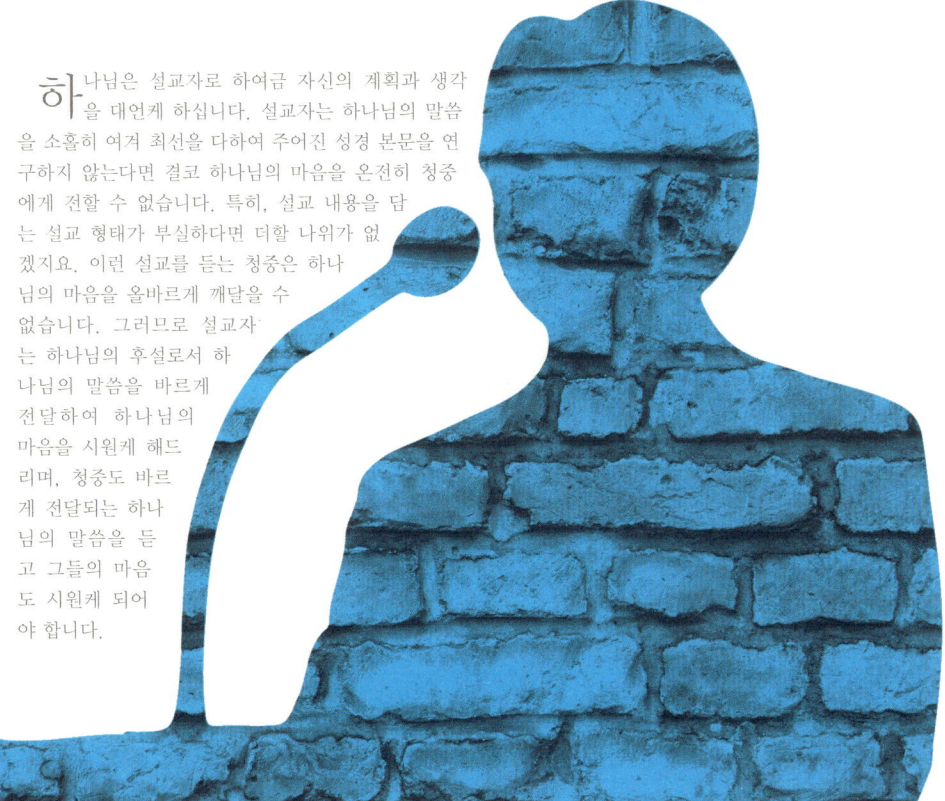

하나님은 설교자로 하여금 자신의 계획과 생각을 대언케 하십니다. 설교자는 하나님의 말씀을 소홀히 여겨 최선을 다하여 주어진 성경 본문을 연구하지 않는다면 결코 하나님의 마음을 온전히 청중에게 전할 수 없습니다. 특히, 설교 내용을 담는 설교 형태가 부실하다면 더할 나위가 없겠지요. 이런 설교를 듣는 청중은 하나님의 마음을 올바르게 깨달을 수 없습니다. 그러므로 설교자는 하나님의 후설로서 하나님의 말씀을 바르게 전달하여 하나님의 마음을 시원케 해드리며, 청중도 바르게 전달되는 하나님의 말씀을 듣고 그들의 마음도 시원케 되어야 합니다.

나의 선생님이신 정창균 교수님과
설교자 하우스에 속한 지체들에게,
언제나 힘이 되어 주신 부모님과 아내와 자녀들에게,
감사를 표합니다.

서 문

먼저 이 책을 읽기 원하는 설교자에게 속담 하나를 말하고 싶습니다. '말을 냇가로 끌고 갈 수 있으나 말에게 물을 먹일 수 없다. 말 스스로 물을 먹어야 한다.' 제가 왜 이 속담을 말씀드렸을까요? 바로 설교자가 아무리 좋은 설교 작성 방법을 안다 하더라도 그것을 몸에 익히길 소홀히 한다면 무용지물에 불과하기 때문입니다. 만일 설교자 자신만의 설교 작성법이 없다면 이 책에서 가르쳐 주는 일련의 설교 작성 방법을 따라 연습해 보시기 바랍니다. 그러면 당신은 설교자로서 이 책에서 소개하는 설교 작성법이 쉽고 효과적일 뿐 아니라, 성경본문에서 이탈하지 않는 설교 작성 방법이라는 걸 깨달을 것입니다.

지금까지 저명한 설교학자와 유명한 설교자들이 자신만의 설교 노하우를 소개하기 위하여 앞 다투며 많은 책은 출판했습니다. 그리고 해마다 다양한 설교학 책들이 쏟아져 나옵니다. 그러나 저는 여러 설교학 책들 가운데, 설교자에게 꼭 필요한 설교의 기초 지식과 설교 작성에 관하여 친절하게 안내해 주는 안내서가 많지 않다는 걸 발견했습니다. 물론 제가 집필한 책도 완벽하지 않습니다. 그러나 저는 일선의 설교자에게 도움이 될 수 있는 책을 집필하고 싶었습니다. 책에 인용된 대부분 내용들은 한글로 번역되어 있는 자료를 활용하여 누구나 후에 쉽게 구입하여 읽을 수 있는 것들로 구성했습니다. 또한 제가 이미 기고한 글들을 토대로 새롭게 수정, 보완하였으며 딱딱한 어투보다는 매뉴얼을 설명하는 것처럼 부드러운 어투를 사용하였습니다. 때로 책을 읽는 설교자는 마치 수필을 읽는 것처럼 착각할 수 있습니다.

이 책에서 소개한 설교학적 통찰력 특히, 설교 작성 방법은 제 선생님이신 정창균 교수님의 아이디어를 빌려왔습니다. 다시 말해, 정창균 교수님께서 설교자하우스에서 설교자들을 훈련하는 과정 가운데 주셨던 통찰력 있는 내용들을 저는 조금 발전시켜 소개했을 뿐입니다. 저는 이 책에 선생님의 설교학적 통찰들을 그대로 옮기길 원했으며 선생님은 흔쾌히 허락해 주셨습니다. 그러므로 훗날, 정창균 교수님께서 집필할 책 가운데 유사한 내용이 있다면 제가 선생님의 배려로 먼저 집필했을 뿐, 모든 설교학적 아이디어는 정창균 교수님의 설교학적 고민 속에서 발전한 것들임을 분명하게 밝힙니다. 그리고 제가 기고한 소논문들을 중심으로 다시 책을 증보하면서 소논문들의 출처는 책의 내용에서 생략했습니다. 그러나 참고문헌에는 소개되어 있습니다. 또한 책의 목차에 변화를 주었으며 일부 내용들을 보완했습니다.

2016년 봄, 설교자 박성환

목 차

〈 서 문 〉　4

1. 당신은 하나님의 후설에 대해 알고 계신가요?　11

2. 당신의 DNA를 설교자의 DNA로 탈바꿈시키고 있나요?　15

3. 당신은 설교자와 설교를 어떻게 이해하고 계신가요?　25

4. 당신은 설교자로서 자신에 대하여 얼마나 알고 있나요?　41

5. 당신은 어떻게 설교를 작성하시나요?　49

6. 당신은 설교 점검을 어떻게 하시나요?　111

7. 당신은 설교자적 기도가 무엇인지 아십니까?　141

8. 당신은 왜 성도들이 설교를 외면하고 있는지 아시나요?   147

9. 당신은 성도를 위해 어떤 설교 계획을 설계하고 계신가요?   155

10. 당신은 설교자로서 역할을 충실히 수행하고 있으신가요?   169

〈 미주 〉   175
〈 참고문헌 〉   193

1

당신은 하나님의 후설에 대해
알고 계신가요?

1.

당신은 하나님의 후설(喉舌)에 대해 알고 계신가요?

조선 시대에 왕의 비서 역할을 담당하던 승정원이란 기관이 있었습니다. 사람들은 승정원을 가리켜 왕의 후설(喉舌)이라 불렀고, 승정원 책임자인 도승지에게는 후설지신(喉舌之臣)이란 별명을 붙여 주었습니다. 왕의 후설이란 무엇일까요?

한문으로 '목구멍 후'와 '혀 설'을 뜻함으로 왕의 목구멍과 혀를 의미합니다. 왕의 후설은 왕을 대변하여 왕의 뜻을 알릴 뿐 아니라, 때로는 왕의 마음을 이해하며 함께 공감하는 역할을 담당합니다.

그리고 왕의 후설은 왕의 생각을 바르게 헤아려 이 땅에 사는 지도자들과 백성들에게 그대로 전달함으로 왕의 마음을 시원케 할 뿐 아니라, 듣는 자들로 하여금 왕의 생각을 이해하여 그들의 마음도 시원케 하는 역할을 감당하는 걸 말합니다.

설교자도 하나님의 후설입니다. 왜냐하면 설교자를 가리켜 하나님의 입이라 칭하기 때문입니다.

하나님은 설교자로 하여금 자신의 계획과 생각을 대언케 하십니다. 설교자는 하나님의 말씀을 소홀히 여겨 최선을 다하여 주어진 성경 본문을 연구하지 않는다면 결코 하나님의 마음을 온전히 청중에게 전할 수 없습니다.

특히, 설교 내용을 담는 설교 형태가 부실하다면 더할 나위가 없겠지요. 이런 설교를 듣는 청중은 하나님의 마음을 올바르게 깨달을 수 없습니다.

그러므로 설교자는 하나님의 후설로서 하나님의 말씀을 바르게 전달하여 하나님의 마음을 시원케 해드리며, 청중도 바르게 전달되는 하나님의 말씀을 듣고 그들의 마음도 시원케 되어야 합니다.

지금 당신은 하나님과 성도들 앞에서 두 가지 질문에 분명한 답을 해야 합니다. 당신이 분명한 답을 할 수 있다면 당신은 하나님의 후설입니다.

"당신은 설교자이십니까?"

"당신은 하나님과 성도의 마음을 시원케 하는 설교자가 되길 소원하십니까?"

2

당신의 DNA를 설교자의 DNA로
탈바꿈시키고 있나요?

2.

당신의 DNA를 설교자의 DNA로 탈바꿈시키고 있나요?

설교자는 설교를 통하여 청중을 변화시키고자 하는 거룩한 열정을 가지고 있습니다. 그리고 '설교의 달인' 또는 '탁월한 설교자' 라는 칭찬을 듣고 싶어 합니다.

아니 적어도 설교자라면 자신과 동고동락하는 성도들로부터 '우리 목사님의 설교는 최고입니다.' 라는 칭찬 한 마디를 듣고 싶어 합니다. 그러나 '설교의 달인' 또는 '탁월한 설교자' 라는 소리는 아무나 들을 수 있는 찬사가 아닙니다. 왜 그럴까요?

우리는 '일만 시간의 법칙' 이란 책에서 그 해답을 찾을 수 있습니다. '일만 시간의 법칙' 의 저자는 누구나 어떤 분야든 상관없이 자신이 좋아하는 일을 꾸준히 정진할 때, 성취감을 계속 얻게 되고 자연스럽게 자신감을 형성하여 마침내 달인 또는 전문가라 존칭을 얻을 수 있다고 합니다.

다시 말해, 달인이나 전문가라는 호칭은 끊임없는 노력으로부터 주어집니다. 달인이나 전문가가 되기 위해서는 더 생각해야 할 점이 있습니다. 바로 몰입하여 꾸준히 연습하되 연습의 질(강도)까지 고려해야 합니다. 그러므로 어떤 분야의 달인이나 전문가든 몰입, 꾸준함, 그리고 연습의 질(강도), 이 세 가지가 적절한 균형을 이룰 때, 세상에 등장하게 됩니다.

당신은 이 세 가지(몰입, 꾸준함, 연습의 질)를 고민하면서 탁월한 설교자가 되기 위하여 박차를 가하고 있나요? 왜냐하면 설교자는 하나님의 부르심을 받은 자일뿐 아니라, 탁월한 설교자가 되기 위해서 몰입, 꾸준함, 그리고 연습의 질(강도)을 기억하며 사는 자이기 때문입니다. 설교자는 설교를 작성하기 전, 하나님의 말씀과 거룩한 씨름을 펼치는데 이것을 묵상이라 합니다.

설교자는 묵상의 시간을 가지며 하나님과 친밀함을 유지할 뿐 아니라, 하나님께서 자신과 교회 공동체에게 말씀하시고자 하는 메시지를 얻기 위해 성경본문을 몰입하여 반복하여 묵상합니다. 그리고 몰입의 시간이 끝난 후, 설교자는 성경주석과 설교 작성에 도움을 줄 수 있는 자료들을 참고하여 설교를 써 내려가는데 온 힘을 쏟아 냅니다.

그러나 당신은 탁월한 설교자를 꿈꾼다면 연습의 질(강도)에 대하여 반드시 고민해야 할 것입니다. 왜냐하면 설교자가 연습의 질(강도)을 어떻게 생각하며 실천하느냐에 따라 평범한 설교자와 탁월한 설교자로 나뉠 수 있기 때문입니다.

물론 하나님께서 어두운 세상에 한줄기 빛으로 사용하기 위해 부르신 특별한 설교자가 있음을 인정합니다. 분명히 이들은 설교의 황태자라 불릴만합니다. 그러나 보편적인 설교자라면 하나님의 부르심을 받은 자로서 설교에 관한한 나태할 수 없습니다. 자신의 설교 발전을 위하여 부지런히 연마해야 합니다. 롱(Thomas G. Long)도 설교자의 꾸준한 연습의 중요성에 대하여 공감합니다.

좋은 설교란 습득되는 것인가 아니면 타고난 재능을 가진 사람들에게만 해당되는가? 실제로 설교에 탁월한 재능을 가진 사람도 있다. 그들은 드물게 보는 특별한 재능과 은사를 소유하고 있다. 그러나 우리가 그들을 시기만 하고 있어서는 안된다. 특별한 재능을 가진 몇 몇 예외적 설교자들을 통해서도 은혜를 받지만 대부분의 경우 우리 같이 신중하고 책임감 있으며 신실한 일반 설교자들의 설교에 의해 유지된다. 설교는 피아노를 배우는 것과도 같다고 할 수 있다. 물론 기본적인 음악적 자질이 도움은 되겠지만 결국은 음계를 익히고 반주법을 배운 후 악보를 외워 반복에 반복을 거듭하며 연습하는 길뿐이다. [1]

 탁월한 설교자를 꿈꾸는 설교자는 반복적으로 어떤 연습을 해야 할까요? 그리고 어떻게 연습의 질(강도)을 점점 높여갈 수 있을까요? 우리는 이 질문들에 답을 하기 전, 탁월한 설교자란 어떤 사람을 말하는 것인가? 다시 한 번 생각해 봐야 할 필요가 있습니다. 탁월한 설교자(설교의 달인)는 설교에 관한 전반적인 이해와 남다른 설교적 통찰력을 지닌 전문가를 말하는 것 아닐까요?

 다시 말해, 탁월한 설교자는 단순히 하나님의 말씀을 잘 전달하는 자만 의미하는 것이 아니라, 설교(학)에 대한 전반적인 이해를 깊이 있게 정돈하고 있는 사람을 가리키는 표현일 것입니다.
 그렇다면 설교를 위한 연습의 질(강도)이란 설교에 관련하여 쉼 없이 연구하여 설교(학)에 조예가 점점 깊어져 가는 사람을 말한다 해도 무방할 것입니다. 그러므로 탁월한 설교자를 꿈꾸는 설교자는 설교에 관한 많은 자료들을 계속 읽고, 연구함으로써 설교에 관한 이해의 폭을 넓혀가야 합니다.

1. 당신의 서재에 어떤 종류의 책들이 있나요?

설교자로서 당신은 서재를 한 번 살펴보세요. 당신의 서재에 어떤 책들이 있습니까? 과연 당신의 서재에 설교와 관련된 책들이 몇 권이나 꽂혀 있습니까? 당신이 만일 탁월한 설교자를 꿈꾼다면 설교에 관한 책들을 사기 위한 경비를 부담스러워 한다든지, 이런 책들은 읽을 가치가 없다고 생각한다면 심각한 모순 아닐까요? 누구든지 유창한 영어를 하길 원한다면 자연스럽게 영어에 관련된 자료들을 구입하기 위하여 많은 재정을 투자할 겁니다. 그리고 책 표지가 닳도록 읽고 또 읽겠지요.

지금 당신의 서재에 어떤 분야의 책들이 있는지 살펴보세요. 당신의 주된 관심사를 파악할 수 있습니다.

탁월한 설교자가 되고 싶어 하는 당신에게 설교학적 충고를 하고 싶습니다. 지금부터 설교자로서 당신은 설교를 연마하기 위하여 반드시 해야 할 일이 있습니다. 바로 서점에 가서 설교에 관련된 책들을 사는 겁니다. 그리고 당신은 꾸준히 몰입하면서 설교에 관련된 책들을 읽고 연구하여 나만의 설교학적 통찰력으로 발전시켜 나가야 합니다.

그러면 나다니엘 호돈(Nathaniel Hawthorne)의 큰 바위 얼굴(The Great Stone Face and Other Tales of the White Mountains)이란 소설에서 주인공인 어니스트가 큰 바위 얼굴을 바라보며 갈망함으로 그의 얼굴이 점점 큰 바위 얼굴과 같이 변한 것처럼, 어느 순간 당신은 탁월한 설교자가 인정받고 있을 겁니다.

그리고 많은 사람들은 당신을 가리켜 이렇게 외칠 겁니다. "나는 오늘 설교의 달인을 만났습니다. 그리고 그와 함께 설교에 대하여 논해 보았는데, 그가 지니고 있는 통찰력은 그 어떤 책에서도 발견할 수 없는 보화 중에 보화였습니다. 나는 오늘 탁월한 설교자는 만나 너무나 행복했습니다. 그리고 나와 내 가족은 탁월한 설교자가 있는 그 교회에 출석하여 신앙생활을 착실히 할 것입니다."

2. 설교자의 DNA로 탈바꿈하고 있나요?

쉐드(William G. T. Shedd)는 설교자에게 갖춰야할 조건들 가운데 설교학적 관점으로 지적인 훈련을 하는 습관(homiletical mental habit)을 중요하게 생각합니다. 사람은 다양한 분야를 공부합니다. 즉, 사람은 예술, 문학, 과학 등의 지적 내용들을 책으로 읽거나 경험을 통해, 그리고 일상의 삶에서 얻어지는 교훈들을 체득하면서 자연스럽게 지식을 축적해 나갑니다.

그리고 사람들에게 왜 직, 간접적으로 지식을 축적하는지 물으면 각 사람마다 다른 대답을 할 것입니다. 고등학생은 좋은 대학교에 합격하기 위해서, 취업을 준비하는 자는 좋은 회사에 취직하기 위하여, 아무튼 나름대로 지식을 축적하는 이유가 있을 겁니다.

설교자는 모든 분야에서 직, 간접으로 지식을 축적하거나 일상의 삶에서 얻는 여러 교훈들을 설교학적 관점으로 재해석할 수 있는 지적인 습관이 필요합니다. 이것을 쉐드는 '설교학적 관점으로 지적인 훈련을 하는 습관' 이라 정의합니다.[2)]

결국, 설교자는 직, 간접으로 얻는 지식과 교훈을 설교학적으로 접근하거나 활용할 수 있는 방법을 고민할 때, 탁월한 설교자가 될 수 있습니다. 그렇다면 '설교학적 관점으로 지적인 훈련을 하는 습관'을 현대의 말로 바꾼다면 어떻게 표현할 수 있을까요? 설교자가 모든 것들, 모든 일에, 그리고 모든 지식과 경험에 설교학적 관점에서 민감하게 반응하도록 설교학적 DNA로 탈바꿈하기 위해 노력하는 일로 바꿔서 말할 수 있지 않을까요?

설교자가 지녀야할 설교학적 DNA의 중요성에 대하여 플랜팅가

(Cornelius Plantinga)는 이렇게 말합니다. "독서는 가장 정선된 설교 예화를 제공해 줄 수 있다. 특히 이러한 예화는 활자를 통해서든 아니든 설교자가 자기 주변에서 일어나는 모든 일들에 관심을 갖고 집중하는 연습을 한 데 따르는 열매다."[3] 설교자의 온 몸은 눈이 되어야 하고 귀가 되어야 합니다. 눈과 귀로 된 몸을 지닌 설교자만이 설교학적 관점으로 모든 것들을 바라볼 수 있는 기회를 얻습니다.

3. 레드 오션에 존재하는 교회

레드 오션(Red Ocean)과 블루 오션(Blue Ocean)이란 말이 있습니다. 레드 오션이란 이미 잘 알려져 있는 시장, 즉, 현존하는 모든 산업을 말합니다. 레드 오션에 위치한 회사들은 수요의 점유율을 높이기 위하여 경쟁 기업들보다 우위를 지키려고 노력합니다. 그러나 경쟁자들이 많아질수록 전망은 점점 불투명해집니다. 반면, 블루오션은 알려져 있지 않은 미개척분야, 즉 현존하지 않을 뿐 아니라, 경쟁 상대가 없는 걸 의미합니다. 블루 오션에서는 경쟁이 아닌 창조를 중요하게 생각합니다.

블루 오션과 레드 오션에 대하여 정리하다면, 레드 오션에서는 기존의 시장에서 어떻게 경쟁자를 앞지를 수 있는가에 대한 경쟁적 전략이 필요하지만 블루오션은 경쟁을 피하고 기존의 설정된 시장을 벗어나는 창조적 전략이 필요합니다.

교회는 어떤가요? 그리고 설교자의 위치를 어떻게 생각하십니까? 레드 오션과 블루 오션 어디에 존재하고 있습니까? 이 질문에 대하여 불쾌감을 표하는 목회자들이 있을 수 있습니다. 그러나 한 해에 몇 교회가 대한민국에 세워지고 사라지는지 아시나요? 그리고 몇 명의 설교자가 한 해 동안 배출되는지 아시나요? 아무도 정확한 통계를 가지고 있지 않습니다. 단지 수많은 교회들이 세워지고 사라집니다. 새로운 설교자가 나타났다가 바람같이 사라집니다. 세상 가운데 교회를 세운다는 것, 그리고 세상 가운데 설교자로서 살아 간다는 건, 블루오션에서의 삶이 아닌, 레드오션에서의 삶을 의미 합니다.

　그러므로 작금의 목회자들은 하나님께서 교회를 지키고 보호한다는 사실을 믿음으로 고백하지만 서로 경쟁 체제 속에서 살아남기 위해 엄청난 노력과 변화를 꽤하고 있습니다. 이럴 때 일수록 설교자는 한 가지 명심해야 것이 있습니다. 바로 전문가는 어느 시대 또는 언제 어 디서나 꼭 필요하다는 겁니다. 세상에는 너무나 많은 설교자가 있습 니다. 그들은 하나님의 말씀을 대변하는 자로 살아갑니다.
　그러나 그들 가운데 설교에 대한 해박한 지식과 통찰력이 있는 사람은 그리 많지 않습니다. 다시 말해, 설교에 관한 전문적 지식뿐 아니라, 설교에 관한 놀라운 통찰력을 지닌 설교자는 손가락에 꼽 을 정도에 불과합니다. 홍수가 발생했을 때, 마실 물이 없다고 말합 니다.

　오늘 한국 교회에도 홍수처럼 많은 교회와 설교자가 존재하지만 성도의 영적 갈증을 시원하게 해결해 줄 탁월한 설교자는 부족합니 다. 그렇기에 성도들은 자신의 영혼의 목마름을 해결하기 위해 탁월 한 설교자를 찾아 헤매고 있는지 모릅니다.

제2장 당신의 DNA를 설교자의 DNA로 탈바꿈시키고 있나요?

3

당신은 설교자와 설교를
어떻게 이해하고 계신가요?

3.

당신은 설교자와 설교를 어떻게 이해하고 계신가요?

누구나 '지피지기 백전백승'(知彼知己 百戰百勝), '적을 알고 나를 알면 백번 싸워도 백번 이긴다.'라는 고사성어(故事成語)는 한번쯤 들어봤습니다.

그러나 손자(孫子)가 쓴 손자병법(孫子兵法)의 모공편(謀攻篇)을 살펴보면 '지피지기 백전불태(知彼知己 百戰不殆)', '적을 알고 나를 알면 백번 싸워도 결코 위태롭지 않다.'라 표현되어 있습니다. 더 정확하게 손자는 '지피지기, 백전불태 ; 부지피이지기, 일승일부 ; 부지피, 부지기, 매전필태'(知彼知己, 百戰不殆 ; 不知彼而知己, 一勝一負 ; 不知彼, 不知己, 每戰必敗), '적을 알고 나를 알면 백번을 싸워도 위험하지 않다. 적을 모르되 나를 알면 한번 이기고 한번은 진다. 적도 모르고 나도 모르면 매번 싸움마다 위태하다.'라 말합니다.

손자의 가르침은 전쟁에서만 필요하지 않습니다. 적은 아니지만 나와 관계된 사람과 환경 기타 모든 상황들을 내 자신이 잘 파악하고 있다면 유리한 고지를 점령할 수 있기 때문입니다.

만일 손자의 생각을 설교 이론에 접목시킨다면 어떻게 설명할 수 있을까요? 설교자는 설교자와 설교 요소들과의 관계를 신학적(설교학적)으로 정립해야 합니다. 그리고 이 과정을 통하여 설교자의 정체성뿐 아니라, 설교가 무엇인지 설교학적으로 눈을 뜰 수 있습니다. 또한 설교자는 자신에 대한 정확한 진단이 필요합니다.

다시 말해, 설교자는 자신의 단점과 필요를 구체적으로 파악해야만 발전할 수 있습니다.

1. 설교의 5 가지 요소는 무엇일까요? [4]

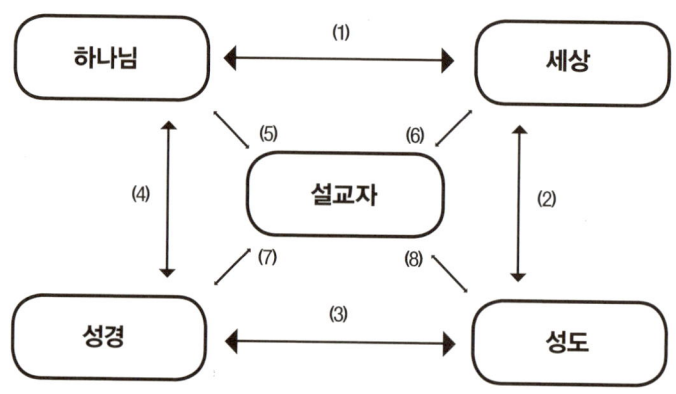

설교는 5가지 요소, 즉 하나님, 성경, 설교자, 청중, 세상으로 구성됩니다. 그리고 설교의 5요소들은 서로 신학적(설교학적)인 상관관계를 형성하고 있습니다.

먼저 하나님 - 세상 - 성도(1, 2)의 신학적 관계를 살펴보면 하나님께서 세상을 선한 목적을 갖고 창조하셨습니다. 그러나 세상은 사단으로 인하여 그의 목적에 반역합니다.

사단은 계속해서 세상에서 살아가는 자들을 하나님의 사랑으로부터 분리시키기 위하여 각 시대의 사조에 따라 다양한 전술을 사용합니다. 그 결과, 사람들은 하나님에 속한 자가 아닌 사단의 종으로 세상을 살아갈 수밖에 없습니다.[5] 물론 예수 그리스도께서 십자가의 사건을 통하여 사단의 최고 무기인 죽음을 이기셨습니다.

다시 말해, 세상의 지배자인 사단의 가면을 벗기셨으며 그의 무장을 해체시키셨습니다. 그러나 세상은 여전히 사단의 손아귀에서 하나님을 향해 대항합니다. 그러므로 성도는 여전히 세상 가운데 어려움으로 인하여 하나님 앞에서 범죄를 저지릅니다.

과연, 예수 그리스도의 십자가의 능력이 부족한 걸까요? 아닙니다. 성도는 '이미(already)와 아직(not yet)'의 긴장관계 가운데 살고 있기 때문입니다. 즉, 성도는 예수 그리스도의 십자가 승리 이후, 다시 오실 재림 주이신 예수 그리스도를 기다리며 살아갑니다. 그러므로 성도는 세상의 유혹을 분별하며 살아갈 수밖에 없습니다. 그러므로 설교자는 '하나님의 마음'과 '세상 속에서 살고 있는 성도'에 대하여 신학적으로 설명할 수 있어야 합니다.

또한 하나님은 자신이 만드신 세상을 통하여 자신의 영광을 드러낼 뿐 아니라, 사람들이 자연을 통하여 하나님을 발견하도록 하셨습니다. 그러나 세상과 인간은 하나님을 발견할 수 없을 정도로 죄로 인하여 파괴되었습니다. 그러나 하나님의 은혜로 거듭난 사람이라면 하나님께서 창조하신 만물을 통하여 하나님의 영광과 그의 사랑을 찬양합니다.

즉, 구원받은 사람은 자연 계시, 자연을 계시로 인지하는 영적 능력을 회복합니다. 우리는 고(故) 박목월 시인의 자서전적 시를 통하여 자연 계시의 아름다움을 엿볼 수 있습니다.

개안(開眼)[6]

나이 60에 겨우
꽃을 꽃으로 볼 수 있는 눈이 열렸다.
신이 지으신 오묘한
그것을 그것으로
볼 수 있는
흐리지 않는 눈
어설픈 나의 주관적인 감정으로
채색하지 않고
있는 그대로의 꽃
불꽃을 불꽃으로 볼 수 있는
눈이 열렸다.

세상은
너무나 아름답고
충만하고 풍부하다.

신이 지으신
있는 그것을 그대로 볼 수 있는
지복한 눈
이제 내가 무엇을 노래하랴
신의 옆 자리로 살며시
다가가
아름답습니다.

감탄할 뿐
신이 빚은 술잔에 축배의 술을 따를 뿐

그러나 구원받은 사람이라 할지라도 빠르게 변하는 세상을 살다 보면 땅 위에 피어 있는 한 송이 꽃이나, 허리를 펴고 밤하늘에 떠 있는 달이나 별을 바라보며 하나님을 발견할 수 있는 기회를 놓치기 쉽습니다.

둘째, 하나님 - 성경 - 성도(4. 3)의 상호 관계를 정리하자면 하나님은 구원받은 백성에게 특별계시인 성경을 주셨습니다. 그리고 성도는 '성경의 사람'이란 거룩한 별명답게 성경을 언제나 삶의 중심에 놓습니다.[7] 웨스트민스터 소요리 2-3문답을 보면 성경이 신앙생활에서 어떤 중요한 위치를 차지하는지 알 수 있습니다.

2문: 하나님을 영화롭게 하고 즐거워하는 것을 지도하시려고 하나님께서 우리에게 주신 준칙은 무엇입니까?
답: 하나님을 영화롭게 하고 즐거워하는 것을 지도하시려고 하나님께서 우리에게 주신 유일한 준칙은 구약과 신약 성경에 기록된 하나님의 말씀입니다.

3문: 성경이 가장 중요하게 가르치는 것이 무엇입니까?
답: 성경이 가장 중요하게 가르치는 것은 사람이 하나님에 대하여 믿을 것은 무엇이며 하나님께서 사람에게 요구하시는 본분은 무엇인가 하는 것입니다.

성도에게 하나님의 조명을 받은 말씀은 인생의 나침반입니다. 그러나 성도는 성경에 나타난 하나님의 의도에서 벗어나는 경우도 있습니다. 라이스(Howard L. Rice)는 베일리(Lewis Bayly)의 글을 인용하면서 신앙생활에서 쉽게 발견할 수 있는 성도의 실수를 지적합니다. 그리고 칼빈(John Calvin)의 글을 통해 해결방법을 제시합니다.

"무지함으로 인해 성경의 특정 부분들이 말하고 있는 진짜 의미를 파악하지 못하는 것이다." 그[베일리]는 우리가 우리 자신의 목적에 맞추기 위해 성경의 의미를 얼마나 쉽게 왜곡하며 따라서 그리스도인이 성경에 대해 제대로 배우는 것이 얼마나 중요한지를 보여준다.... 칼빈... "그들 자신의 편견에 따라 방황하여 진리와 거짓의 구별을 가르쳐 주시는 유일한 교사이신 성령을 피함으로써 바른 길로부터 상당히 빗나갈 위험을 피하기 위해 신자들은 자신들의 무력함을 깨달아 하나님의 말씀이 정한 한도 내에 신중히 머무르는 외에 다른 길이 없다."[8]

성도가 스스로 세상 가운데에서 하나님과 깊은 교제를 통하여 기쁨을 얻는다는 건 쉽지 않습니다. 그러므로 하나님은 성도의 삶을 인도하는 방법으로 목회자를 세우시며 그(녀)를 통하여 자신의 백성을 회복시키며 믿음을 세워나가십니다.

그리고 목회자가 성도와 더불어 세상에서 거룩한 영적 씨름을 하길 원하십니다. 그러므로 지금 성도는 목회자, 바로 당신이 필요합니다.

셋째로 하나님 - 성경 - 설교자 - 세상 - 성도(5, 6, 7, 8), 즉 목회자를 중심으로 이루어진 X 형태의 신학적 상관관계를 살펴볼 차례입니다.

하나님은 자신과 성도 사이에 목회자를 세우셨습니다(5, 8). 그리고 목회자에게 두 가지 대언의 임무를 맡기십니다.

퍼킨스(William Perkins)는 두 가지 대언의 임무를 다음과 같이 설명합니다.

대언(prophecy)에는 두 부분이 있다. 말씀을 설교하는 것과 공적인 기도를 하는 것이다. 대언자(말씀의 사역자)에게는 오직 두 가지 의무가 있다. 하나는 말씀을 선포하는 것이고, 다른 하나는 백성을 대신하여 하나님께 기도하는 것이다. "우리에게 주신 은혜대로 받은 은사가 각각 다르니 혹 예언이면 믿음의 분수대로(롬 12:6)", "이제 그 사람의 아내를 돌려보내라 그는 선지자라 그가 너를 위하여 기도하리니 네가 살려니와(창20:7)". 성경에서 '대언'이라는 말은 설교만이 아니라 기도에도 적용된다.... 그러므로 모든 대언자의 임무는 한 편으로는 하나님의 목소리로(설교로) 선포하는 것이고, 또 한 편으로는 백성의 목소리로(기도로) 아뢰는 것이다.... 말씀을 선포하는 것은 그리스도의 이름으로, 그리스도를 대신해서 대언하는 것이다.[9]

하나님과 설교자, 그리고 성도(5. 8)의 관계는 하나님의 부름을 받은 설교자가 성도를 위해 어떤 역할을 감당해야 하는지 즉, 설교자의 정체성(identity)에 대하여 설명합니다.

물론 물론 설교(학)자들 가운데 퍼킨스가 주장하는 것과 같이 설교자를 대언하는 자 – 하나님 앞에 설교자로서 성도를 향하여 말씀을 전하는 선지자적 설교자, 그리고 성도들 앞에 설교자(목회자)로서 하나님을 향해 대표해서 기도하는 제사장적 목회자 – 라는 설교자의 역할을 부담스러워할 수 있습니다.

왜냐하면 현대 사회는 포스트모더니즘의 영향으로 절대성과 확실성을 의미하는 진리, 전통 그리고 권위를 거부하며 다양한 상대성을 존중하기 때문입니다.

그리고 진리가 내세우는 '이것이냐 저것이냐'의 양자 간의 일치가 아닌, 대화를 통한 상호 존중을 중요하게 생각합니다.[10] 자연스럽게 포스트모더니즘에 영향을 받은 성도는 설교자의 설교가 개인의 생각일 뿐이라 반발하며 선포된 설교를 하나님의 말씀으로 수용하기를 거부할 수 있습니다.[11]

스토트(John R. W. Stott)는 '선지자적 설교자'라는 설교자의 정체성에 대한 부적절함을 이렇게 설명합니다.

기독교 설교자는 선지자가 아니다. 다시 말해, 그는 독보적인 직통 계시를 통해 하나님으로부터 메시지를 받는 사람이 아니다. 물론 오늘날 '선지자'라는 단어가 다소 포괄적인 의미로 사용되기도 한다. 열정적인 설교자를 일컬어 선지자의 불을 품은 사람이라고 말하는 것이 그리 낯설지 않다. 그리고 시대의 징조를 분별하는 설교자, 역사 안에서 하나님의 손을 보고 정치 사회적 조류의 의미를 해석해 내는 설교자를 사람들은 때때로 선지자 혹은 선지자적 통찰을 가진 사람이라고 부른다. 그러나 내[스토트]는 이런 식의 '선지자' 호칭은 부적절하다고 생각한다.[12]

그러므로 현대 사회의 설교학자들은 전통적인 권위와 선포의 입장을 내세우는 설교자의 정체성인 '대언하는 자'보다 청지기, 종, 증인, 그리고 이야기꾼 등 설교자의 다양한 정체성에 대하여 논하길 원합니다.

그리고 스토트는 Preacher's Portrait 『설교자란 무엇인가』에서 설교자의 정체성에 대하여 다양하게 논합니다.

그러나 하이델베르크 83~85문답은 전통적인 설교자의 정체성인 설교자 정체성인 '대언하는 자'로서의 설교자로 설명하는데, 하나님으로부터 두 가지 천국 열쇠를 부여받아 성도를 돌보는 직무를 감당하는 자로 설명합니다.

즉, 하이델베르크 83~85문답은 설교자의 정체성이 하나님 말씀의 선포자로서 강설하는 설교자와 성도의 회개를 독려하기 위한 권징을 행하는 제사장적 설교자라는 직무의 중요성을 강조합니다.

그리고 하나님께서 교회 공동체에서 두 가지 천국 열쇠를 도구로 사용하여 어떻게 다스리시는지 설명합니다.[13]

83문: 천국의 열쇠는 무엇입니까?

답: 거룩한 복음의 강설과 교회의 권징인제 이 두 가지를 통하여 믿는 자에게는 천국이 열리고 믿지 않는 자에게는 닫힙니다.

84문: 거룩한 복음의 강설을 통하여 어떻게 천국이 열리고 닫힙니까?

답: 그리스도의 명령에 따라 하나님께서 그리스도의 공로 때문에 사람들이 참된 믿음으로 복음의 약속을 받아들일 때마다 참으로 그들의 모든 죄를 사하신다는 사실이 신자들 전체나 개개인에게 선포되고 공적으로 증언될 때 천국이 열립니다. 반대로 그들이 돌이키지 않는 한 하나님의 진노와 영원한 정죄가 그들 위에 머문다는 사실이 모든 믿지 않는 자와 외식하는 자에게 선포되고 공적으로 증언될 때 천국이 닫힙니다. 이러한 복음의 증언에 따라서 하나님께서는 이 세상에서와 장차 올 세상에서 심판하실 것입니다.

85문: 교회의 권징을 통해서 어떻게 천국이 닫히고 열립니까?

답: 그리스도의 명령에 따라 그리스도인의 이름을 가진 자가 교리나 생활에서 그리스도인답지 않을 경우, 먼저 형제로서 거듭 권고할 것입니다. 그렇지만 자신의 오류나 악행에서 돌이키기를 거부한다면 그 사실을 교회 곧 치리회에 보고해야 합니다. 그들이 교회의 권고를 듣고도 돌이키지 않으면 성례에 참여함을 금하여 성도의 사귐 밖에 두어야 하며 하나님께서도 친히 그들을 그리스도의 나라에서 제외시킬 것입니다. 그러나 그들이 참으로 돌이키기를 약속하고 증명한다면 그들을 그리스도의 지체와 교회의 회원으로 다시 받아들일 것입니다.

포스트모더니즘 시대에 물든 지금, 전통적인 설교자의 정체성은 환영받지 못할 겁니다. 오히려 거부감을 느낄 겁니다. 그러나 기독교는 신적 권위, 그리고 신으로부터 신적 권위를 부여받은 설교자라는 전제 위에 서 있습니다. "바울도 자신의 편지마다 하나님의 권위와 신적 권위를 부여받은 자에 대하여 거칠 것 없이 '하나님의 뜻으로 말미암아 그리스도 예수의 사도된 바울... 성도들 곧 그리스도 안에서 신실한 형제들에게 편지하노니...' 라 말합니다."[14]

아무튼 설교자가 어찌되었든 간에 하나님과 성도의 한 가운데 존재한다는 사실을 부인할 수 없습니다. 설교자는 성도를 격려하며 성경을 통하여 하나님의 지혜를 얻습니다(4. 5. 7).

그리고 설교자는 하나님의 지혜를 얻은 후, 세상을 분별합니다(1. 5. 6). 마침내 설교자는 하나님의 말씀과 세상 사이에서 얻은 분별이란 귀한 교훈을 가지고 성도에게 선포합니다(5. 6. 7. 8).

마지막으로 설교라는 건축물을 세우기 위한 두 기둥, 해석(4. 5. 7)과 전달(2. 6. 8)에 대하여 간략히 살펴볼 차례입니다.

그 동안 설교를 설교자에 의한 한 방향 커뮤니케이션인 일방적인 전달로 인식해 왔습니다. 즉, 설교자는 자신이 성경을 해석한 후, 청중에게 선포하면 그들은 수동적으로 경청하는 것으로 설교를 인식했습니다.

그러나 지금은 설교를 한 방향 커뮤니케이션이 아닌, 양방향 커뮤니케이션으로 인식합니다. 그리고 전달의 중요성, 청중에 대한 이해, 청중 분석 등이 설교의 중요한 요소로 점차 인정받습니다.[15]

그러므로 그레이다누스(Sidney Greidanus)는 커뮤니케이션의 관점에서 설교를 가리켜 '메시지를 얻는 방법(자료적 설교학)'과 '메시지를 이해시키는 방법(형식적 설교학)'으로 구분했습니다.

물론 그레이다누스는 '메시지를 얻는 방법'인 자료적 설교학의 중요성을 인식시키기 위하여 설교자는 말씀을 해석, 번역하고 선포하는 해석자로서의 설교자를 강조하였습니다.[16]

그러나 설교학에서 점차적으로 청중의 중요성이 부가되기 시작했습니다. 그 중, 20세기 중,후반부터 대중에게 TV의 보급이 시작되면서 점차적으로 설교자로부터 청중에게 권위(힘)의 이동이 시작된 듯 합니다.

우리는 TV를 통해 여러 방송을 시청합니다. 그러나 요즘 한 방송국에서 진행하는 방송을 계속 시청하는 경우는 드뭅니다.
계속 우리는 TV 리모트 컨트롤(remote control)을 사용하여 다른 방송국에서 진행하는 방송을 확인 한 후, 흥미여부에 따라 방송의 시청여부를 판단합니다. 예전 방송 채널이 몇 개 없을 때에는 시청자는 어쩔 수 없이 몇 개의 방송 채널에서 보여주는 프로그램을 시청할 수밖에 없었습니다.

그러나 지금은 우리가 다채로운 방송을 TV를 통하여 접할 수 있기 때문에 방송국마다 프로그램에 각별히 신경을 씁니다. 결국, TV의 보급이 시청자에게 권위를 이동시켰으며, 교회에서 행해지는 설교도 설교자로부터 청중에게 권위 이동이 이루어진 것은 자연스러운 현상입니다.

실제, 교회 안에서 청중은 설교자의 설교가 지루하거나, 흥미를 느끼지 못하면 눈을 감고 잠을 청하거나 설교 시간동안 설교를 듣지 않고 다른 행동을 서슴없이 합니다.
이제 설교자는 설교에 있어서 전달의 중요성을 인식하며 설교 형식에 대하여 고민할 수밖에 없습니다.

다시 말해, 맥루한(Marshall Mcluhan)이 '미디어가 메시지'라 주장하며 메시지를 전달하기 위한 수단으로 미디어의 중요성을 부각시킨 것처럼[17] 설교자도 설교 내용을 담는 설교 형식을 간과할 수 없게 되었습니다. 그러므로 설교학계에서 신설교학과 신설교학을 추종하는 설교학자들의 주장이 힘을 얻기 시작합니다.

만일 당신이 신설교학의 태동과 발전에 관해 알고 싶다면 제가 각 주를 통해 소개한 내용들을 읽으면 대략적인 윤곽을 그릴 수 있을 것

입니다.[18]

물론 당신에게 설교자로서 신설교학의 주장을 무조건 받아드리라 강요하지 않습니다. 그러나 설교에 있어서 청중은 더 이상 수동적인 객체가 아니라, 설교에 적극적으로 참여하는 파트너로 인식해야 합니다.

그리고 당신이 설교자라면 성경을 해석하기 위하여 많은 시간을 투자하여 노력하는 것만큼, 청중을 이해하기 위하여 버금가는 노력을 해야 합니다.

2. 탁월한 설교자, 그리고 좋은 설교란 무엇일까요?

그렇다면 당신은 '좋은 설교자'를 넘어 '탁월한 설교자'가 되기 위해서 무엇을 해야 할까요? 그리고 좋은 설교를 작성하기 위하여 어떤 노력을 해야 할까요? '좋은 설교자' 또는 '탁월한 설교자'라는 표현은 상당히 추상적입니다.

왜냐하면 '좋다', '탁월하다'는 의미는 상대적이거나 주관적인 평가일 수 있기 때문입니다. 그러나 '탁월한 설교자'의 의미는 설교의 5요소와 관계성에 대한 그림을 활용하여 구체적으로 설명할 수 있습니다.

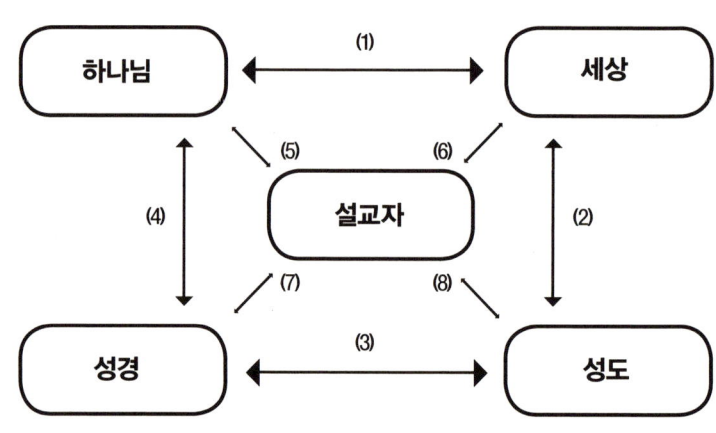

설교자는 하나님, 성경, 세상, 성도의 한 가운데에 존재합니다(5. 6. 7. 8).

다시 말해, 설교자는 하나님과 한 명의 성도로서 영적으로 교제하며(5) 하나님 말씀을 선포하기 전, 성경을 통하여 하나님과 교통의 시간을 갖습니다(7). 그리고 설교자는 세상 가운데 영적 군사로서 살아가는 성도 중 한 명이며(6) 세상 가운데 살아가고 있는 성도와 교제하며 심방을 통해 목양하는 자입니다(8).

그러나 설교자도 연약한 존재이므로 때로는 하나님과의 관계(5)가 멀어질 수 있습니다.

그리고 성경을 묵상하고 통독하는데 게으를 수 있으며(7) 세상과 너무 친밀하여 세속에 빠지기고 합니다(6). 심지어 성도에게 상처를 받아 오히려 성도와 불편한 관계를 유지할 수도 있습니다(8). 즉, 설교자는 하나님, 성경, 세상, 성도와의 관계가(5. 6. 7. 8) 모두 또는 부분적으로 멀어질 수 있습니다.

그리고 설교자는 설교의 구성요소와 관계성을 설명한 그림을 활용하여 설교자 스스로 자신을 점검해야 합니다. 만일 설교자가 하나님과의 관계가 멀어졌다면 기도하는데 힘써야 합니다.

설교자가 성경과의 관계가 멀어졌다고 느낀다면 더욱 성경을 읽고 연구하는데 매진해야 하며, 세상과 친밀하다면 때로는 세상을 떠나 기도원에 잠시 머무는 것도 좋습니다. 설교자가 성도와 서먹한 관계가 형성되어 있다면 카페에서 만나 커피를 마시며 오붓한 시간을 보내는 것도 좋을 듯합니다.

아무튼 설교자가 하나님, 성경, 성도와의 관계는 (5. 7. 8) 가까워질 수 있도록, 그리고 세상과는 멀어지도록(6) 거룩한 훈련을 해야 합니다. 설교자는 지속적으로 거룩한 훈련을 거듭할수록 좋은 설교자를 넘어 탁월한 설교자가 될 수 있습니다.

또한 설교자는 '설교란 과연 무엇인가?'라는 질문을 받는다면 나름대로 설교에 대하여 정의할 수 있습니다. 그러나 설교에 대하여 정의를 내리는 순간부터 설교가 담고 있는 풍요로움을 빈약하게 만들 수도 있습니다.

롱은 이 점에 대하여 다음과 같이 설명합니다. "설교란 과연 무엇인가? 물론 사전적 용어 정의도 이 질문에 대한 한 가지 답이 될 수 있을 것이다. 그러나 이러한 사전적 정의는 설교의 풍성하고 신비스러운 면에 대해 많은 것을 놓쳐버릴 것이기 때문에 실망할 수밖에 없을 것이다. 보다 나은 방법은 이와 같이 판에 박힌 방식으로 공식화 하지 아니하고…"[19] 결국, 설교자는 설교의 구성요소들을 종합적으로 이해할 때 설교의 정의에 대하여 논할 수 있습니다.

그러나 어느 누구든지 설교의 구성 요소와 관계성에 대한 그림을 주의 깊게 관찰한다면 좋은 설교에 대한 정의를 분명히 말할 수 있습니다. 좋은 설교란 설교자가 거룩한 훈련을 거듭할수록 작성할 수 있으며 좋은 설교를 선포할 수 있습니다.

왜냐하면 설교자가 하나님, 성경, 세상, 그리고 성도(5. 6. 7. 8)와 '얼마의 거리를 유지할 것인가?', '얼마큼 친밀할 것인가?'에 따라 좋은 설교를 작성하거나 선포할 수 있을 확률이 높기 때문입니다.

4

당신은 설교자로서 자신에 대하여
얼마나 알고 있나요?

4.
당신은 설교자로서 자신에 대하여 얼마나 알고 있나요?

당신은 자신에 대하여 얼마큼 알고 있습니까? 당신의 장점은 무엇입니까?
당신의 단점은 무엇입니까? 당신이 가장 잘 할 수 있는 것은 무엇인가요? 당신이 가장 못하는 일은 무엇입니까?

당신은 이런 질문을 받는다면 어떻게 답할 건가요? 이 질문을 답하기 위해선 당신은 설교자로서 냉철하게 자신을 진단, 평가해야 합니다. 쉽게 말해, 내 자신을 아는 것이 모든 문제를 풀 수 있는 실마리를 제공합니다.

신학생이 신학을 배우거나, 성도가 신앙교육을 받을 때, 흔히 '신학생은 이렇게 생각하고 행동해야 합니다. 신학생은 이렇게 행동해서는 안 됩니다.', '성도는 세상에서 아름다운 자태를 지니고 살아야 합니다.' 이런 교훈을 듣습니다.

이런 내용의 대부분은 '행함의 중요성' 즉, '어떻게 살아야 또는 행동해야 하는가?'라는 방법(how)에 대해 교훈합니다. 그러나 신학생이나 성도는 이런 가르침을 몸소 행하기 어렵습니다.

왜냐하면 신학생은 '신학생이 누구인가?' 그리고 성도는 '성도가 누구인가?'라는 존재론적 정체성에 대한 정립이 이루어지지 않았기 때문입니다.

만일 '신학생이 누구인가?' 혹은 '성도가 누구인가?'라는 존재의 질문에 답을 내릴 수 있다면 자연스럽게 '신학생은 무엇을 하며 살아가는 자인가?', '성도는 세상 가운데 어떻게 살아가는 자인가?'라는 질문에 스스로 답을 찾아 나설 겁니다.

사람은 존재적 정체성을 깨달을 때, 세상에서 자연스럽게 영적 행함로 드러냅니다.

이것을 신학적으로 '성품 윤리'라 부릅니다.[20] 설교자도 마찬가지입니다. 설교자는 '설교자의 삶은 이렇다.', '설교자는 이렇게 설교를 해야 한다.'라는 설교자로서의 행동지침을 고민하기 전, '설교자가 무엇인가?', '당신은 설교자로 부름을 받았는가?'라는 설교자의 정체성, 당신의 소명에 대한 진단과 평가가 필요합니다.

지금 당신은 설교자를 위한 진단 흐름도(flow chart)의 진행에 따라 자신을 냉정하게 진단하고 평가해야 할 때입니다. 설교자를 위한 진단 흐름도(flow chart)는 뒷 장에 준비되어 있습니다. 당신은 뒤에 있는 진단 흐름도의 진행을 따라 설교자로서 자신을 평가해 보십시오.

지금 설교자로서 당신의 현 주소가 어디인지 파악하셨나요? 그리고 설교자로서 당신에게 가장 필요한 것이 무엇인가를 확인하셨나요?

하나님의 거룩한 소명을 확인했다면, 좋은 설교자가 되기 위해 부지런히 자신을 연단하여 부족한 점들을 보완해야 합니다. 하나님은 천재 설교자가 아닌, 평범하지만 끊임없이 노력하는 설교자에게 자신의 백성을 맡기십니다.

제4장

당신은 설교자로서 자신에 대하여 얼마나 알고 있나요?

설교자를 위한 진단 흐름도(flow chart)는 뒷 쪽에 준비되어 있습니다. →

```
[시작] → 당신은 설교자입니까? --No--> 당신은 설교자로서 부르심을 확인이 있습니까?
                    │
                   Yes
                    ↓
당신의 설교사역에 대하여 스스로 긍정적인 평가를 하십니까? ←--Yes-- 당신은 설교사역을 하고 있습니까? --No--> 당신은 설교사역을 하고 싶습니까?
        │                                                          
       No / Yes                                                     
        ↓                                                           
당신의 설교사역에 대하여 가족들에게 긍정적인 평가를 받습니까? --Yes--> 당신의 설교사역에 대하여 성도들에게 긍정적인 평가를 받습니까? --Yes--> 당신의 설교사역에 대하여 동료설교자들에게 긍정적인 평가를 받습니까?
                    │                           │                          │
                   No                          No                         No
                    ↓                           ↓                          ↓
            당신은 설교에 대한 전반적인 이해를 갖고 계십니까?
                    │
              Yes / No
                    ↓
            당신은 설교 이론에 대하여 체계적으로 공부하거나 누구로부터 배운 경험이 있습니까?
                                        │
                                       Yes
                                        ↓
당신은 설교작성에 대한 실제적인 연습이나 지도를 받으며 설교작성에 대하여 지도받은 적이 있습니까? --No--> 당신은 설교작성에 대한 실제적인 연습이나 도움을 받기를 원하십니까?
                    │
                   Yes
                    ↓
당신은 자신의 설교를 누구로 부터 평가받거나 교정 또는 당신의 설교에 대하여 조언을 받고 있습니까? --No--> 당신은 자신의 설교를 평가받거나 교정 또는 설교에 해하여 조언을 받고 싶습니까?
                    │                                                                                          │
                   Yes                                                                                        No
```

초보 설교자를 위한 설교 가이드

46

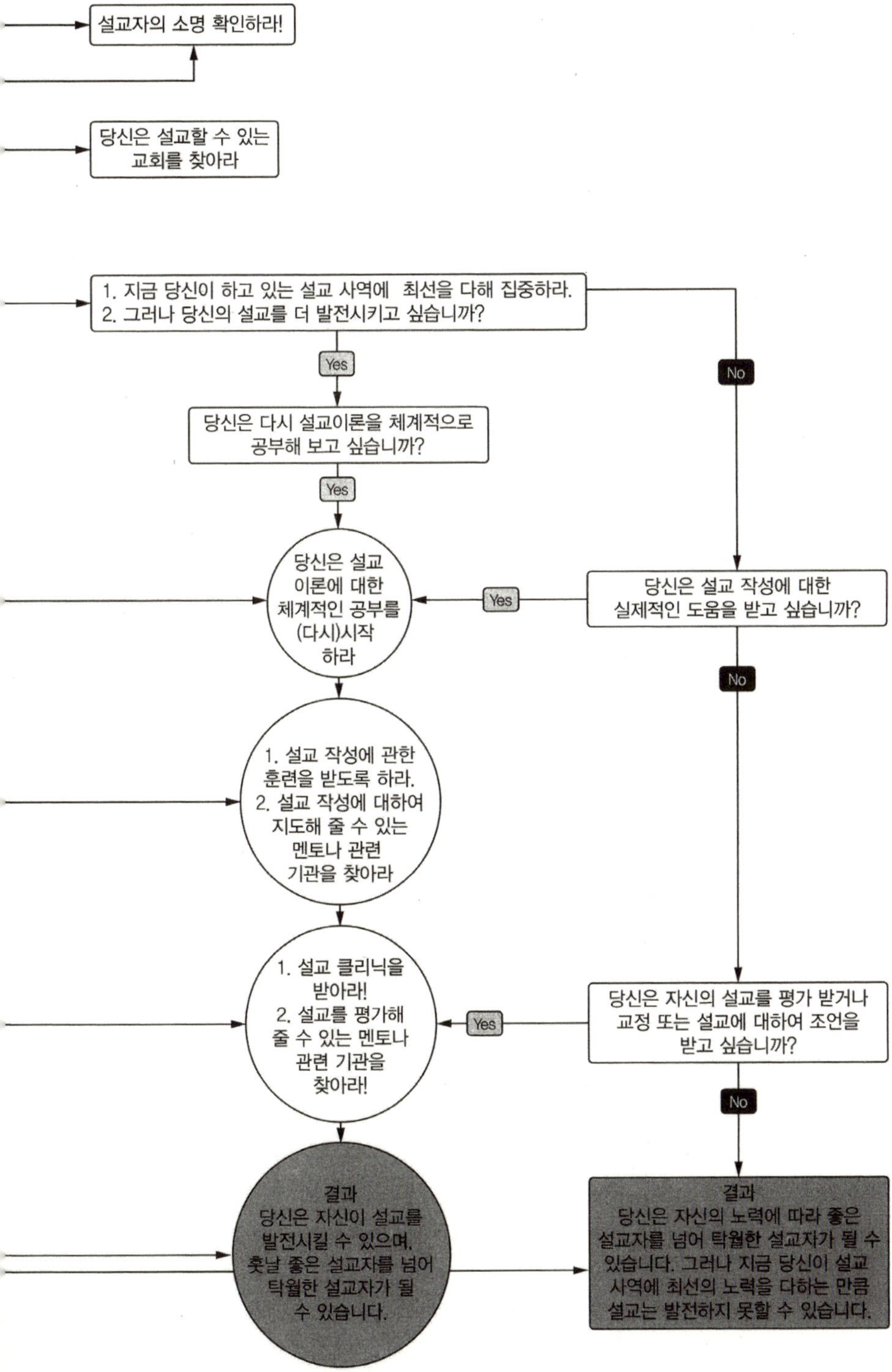

설교자의 소명 확인하라!

당신은 설교할 수 있는 교회를 찾아라

1. 지금 당신이 하고 있는 설교 사역에 최선을 다해 집중하라.
2. 그러나 당신의 설교를 더 발전시키고 싶습니까?

[Yes] → 당신은 다시 설교이론을 체계적으로 공부해 보고 싶습니까?

[Yes] → 당신은 설교 이론에 대한 체계적인 공부를 (다시)시작 하라

1. 설교 작성에 관한 훈련을 받도록 하라.
2. 설교 작성에 대하여 지도해 줄 수 있는 멘토나 관련 기관을 찾아라

1. 설교 클리닉을 받아라!
2. 설교를 평가해 줄 수 있는 멘토나 관련 기관을 찾아라!

[No] → 당신은 설교 작성에 대한 실제적인 도움을 받고 싶습니까?

[Yes] ←

[No] ↓

당신은 자신의 설교를 평가 받거나 교정 또는 설교에 대하여 조언을 받고 싶습니까?

[Yes] ←

[No] ↓

결과
당신은 자신이 설교를 발전시킬 수 있으며, 훗날 좋은 설교자를 넘어 탁월한 설교자가 될 수 있습니다.

결과
당신은 자신의 노력에 따라 좋은 설교자를 넘어 탁월한 설교자가 될 수 있습니다. 그러나 지금 당신이 설교 사역에 최선의 노력을 다하는 만큼 설교는 발전하지 못할 수 있습니다.

제4장 당신은 설교자로서 자신에 대하여 얼마나 알고 있나요?

5

당신은 어떻게 설교를 작성하시나요?

5.
당신은 어떻게 설교를 작성하시나요?

로우리(Eugene L. Lowry)는 『이야기식 설교구성』(The Homiletical Plot: The Sermon as Narrative Art From)이란 책을 출판함으로 이야기식 설교법(Narrative art form)을 세상에 알립니다. 왜 로우리는 새로운 설교방법을 창안하고자 했을까요? 그는 설교자며 설교학자로서 많은 설교학 관련 서적들을 섭렵합니다.

그리고 설교에 관한 수많은 책들이 설교자에게 결코 설교 작성방법에 대한 구체적인 방법을 제시하지 못하고 있다는 걸 발견합니다. 그리고 이런 설교학적 아쉬움을 토설합니다.

> 설교를 어떻게 준비할 것인가[설교 작성법]에 관한 책을 읽는 것은 마치 모르는 철자를 알기 위해 사전을 찾아보는 것과 같다.... 수많은 설교학의 충고들은... 설교 준비과정(en route)에는 거의 도움을 주지 못한다.... 두 가지 분명한 쟁점을 [해결해야 한다.] 첫째, [성경본문에서] 설교를 어떻게 [전개 또는] 시작할 것인가... 둘째, 설교의 형태(form)는 [어떻게 구성할 것인가]..[21]

로우리에 의하면, 수많은 설교학 책들이 설교에 대한 전반적인 이해를 돕는데 주안점을 둔 반면, '어떻게 설교를 작성해야 하는가?' 라는 방법론에 대해선 침묵을 지키거나 피상적인 설명에 그치고 있습니다. 그러므로 로우리는 일선의 설교자에게 효과적이며 구체적인 설교 작성 방법을 제시하고 싶었습니다. 그리고 로우리 고리(Lowry Loop)라는 독특한 이야기 설교를 만들어 설교자들에게 설교 작성에 관한 소중한 도움을 줍니다.[22]

물론 저는 로우리의 이야기 설교를 연구하는데 그 목적을 두지 않습니다. 다만 설교자를 위하여 '강해 설교'에 대하여 조언을 주려합니다. 저도 강해 설교 작성 방법에 관한 많은 자료들을 살폈습니다.

그러나 여러 설교학 책들은 강해 설교의 중요성과 가치에 대하여 논할 뿐, 설교법에 관한 침묵내지 피상적 설명만 하고 있다는 생각이 들었습니다. 그러므로 저는 로우리가 이야기 설교방법을 만들고자 했던 그 마음과 동일하게 설교자를 위하여 실제적이며 효과적인 강해 설교 작성방법을 제안하고 싶습니다. 저는 설교 작성의 시작인 성경 본문의 한정부터 작성된 설교 원고를 점검하는 방법까지 설명하고자 합니다.

1. 강해 설교란 무엇인가요?

강해 설교란 무엇일까요? 다수의 설교자와 신학자들 사이에서 '강해 설교'의 정의에 대하여 합의를 이루지 못한 듯합니다.

왜냐하면 정의(定義)란 사전적 표현처럼 어떤 단어나 사물이 지닌 내포를 구성하는 여러 속성들을 파악한 후, 가장 본질적인 뜻을 규정해야 하는 어려움이 있기 때문입니다. 실제 목회 현장에서 '강해 설교란 무엇인가?' 라는 정의에 관한 혼돈은 언제나 있었습니다. 그레이다누스는 분명하게 이 점에 대하여 지적합니다.

종종 '성경적 설교'라고 하면 그것은 특별히 제목설교와 대조되는 강해 설교를 가리키는 것으로 간주되어 왔다. 그러나 이것은, 불행하게도 어떤 설교자들이 강해 설교의 범주를 제목 설교뿐만 아니라, 본문 설교의 범주와 대조시키기 위해 '성경적 설교'라는 용어를 끌어 들여옴으로써 혼돈을... 강해 설교의 정의는 '적어도 두 세 구절이 아닌 그 이상 긴 문단에 근거한' 설교일 뿐 아니라, '설교의 대지와 소지들까지도 모두 성경 본문에서 뽑아낸' 설교... 또는 '설교 본문으로 정한 성경 본문을 한절씩 차례대로 설명해주는 설교' 또는 '거룩한 성경의 어느 한 책을 연속적으로 해석해 나가면서 실제적인 적용을 강조하는 설교' 등 [여러 가지로 정의]한다. 이러한 [정의]는 구별이 아니라 오히려 혼돈을 가져온 행위이며 강해 설교의 개념 속에 온갖 군더더기를...[23]

그렇다면 강해 설교란 무엇일까요? 간략히 강해 설교란 성경을 중심으로 한 설교라 말할 수 있으나 설교학적으로 정의한다면 강해 설교는 성경 본문의 기록자의 마음에 갖고 있었고, 성경 전체의 맥락에 비추어 볼 때 그 본문 안에 있는 본질적인 실제 의미를 밝혀내서 그것을 오늘날의 청중의 필요에 적용하는 방식으로 성경본문을 다루는 설교를 뜻합니다.[24]

즉, 강해 설교란 설교를 위한 성경 본문이 짧든, 길든 간에 설교자는 그 본문이 말하는 바를 깨닫기 위하여 성령의 인도함을 받으며 문맥에 비춰 역사적, 문법적, 신학적으로 해석한 후, 그 연구한 결과를 먼저 설교자의 삶에 적용하고, 그 다음 청중에게 적용함을 의미합니다.

한 발 더 나아가, 메이휴(Richard L. Mayhue)는 휫트셀(Faris D. Whitesell)의 '강해 설교라 인정할 수 없는 10 가지 예들'을 통하여 강해 설교가 무엇인지 보다 구체적으로 설명합니다.[25]

1. 강해 설교는 통일성, 아우트라인, 그리고 분명한 방향이 없이 단어 하나 하나, 구절 하나 하나를 일일이 주석하는 것이 아니다.

2. 강해 설교는 본문에 대한 철저한 석의와 논리적인 배열이 없이 산만하게 주를 달거나, 즉석에서 떠오르는 생각을 나누는 것이 아니다.

3. 강해 설교는 깊이 있는 폭 넓은 본문 연구 없이, 단지 본문의 피상적인 의미에 기초한 상호 연관 없는 제안이나 주장들을 모아 놓은 것이 아니다.

4. 강해 설교는 단순한 석의가 아니다. 아무리 그 석의가 학적으로 적합하다 할지라도 설교의 주제, 아우트라인 그리고 주제의 발전이 없으면, 그것은 강해 설교가 아니다.

5. 강해 설교는 단순한 본문의 아우트라인이 아니다. 수사학적이고 설교적인 요소가 없는 아우트라인이 아니다. 수사학적이고 설교적인 요소 없이 아우트라인에다 약간의 살을 붙이는 것이 강해 설교가 아니다.

6. 강해 설교는 본문의 중요한 다른 부분을 생략한 채, 본문 가운데 특정한 부분만을 사용하는 제목 설교가 아니다.

7. 강해 설교는 주석서에서 발견한 문법적 사실이나 인용구를 수집해 놓은 것이 아니다. 이런 요소들이 메시지 속으로 녹아 들어가야 한다.

8. 강해 설교는 설교적 구조와 수사학적 요소가 없는 주일학교 공과 타입의 강론이 아니다.

9. 강해 설교는 동일한 주제를 다루고 있는 여러 성경 구절을 [단순히] 연결시켜 읽는 것이 아니다. 그것은 본문을 철저하게 그리고 [역사적], 문법적(문맥적), [신학적]으로 다룬다.

10. 강해 설교는 절절이 이어지는 주석에다, 산만한 언급 그리고 서로 상관없는 제안과 개인적인 생각이 합쳐져서 나오는 경건의 시간 혹은 기도회의 담화가 아니다. 그것은 본문의 석의적, 문맥적인 연구와 [청중을 위하여] 설교의 설득적인 요소를 갖추어야 한다.[26]

횟트셀의 강해 설교에 관한 10가지 제안을 요약하면 4가지로 압축하여 설명할 수 있습니다.

첫째, 성경만이 설교의 원천이다.
둘째, 주의 깊은 성경해석(주해)을 통해 하나님께서 주신 중심 내용을 설교에 담는 것이다.
셋째, 듣는 청중을 위하여 강해 설교는 설교형태와 수사적 기법을 사용할 수 있다.
넷째, 설교의 내용이 오늘의 청중들에게 적용되어야 한다.

그러므로 강해 설교란 새로운 설교 방법이 아닙니다. 단지 강해 설교는 '성경적 설교'이며 '청중을 위한 적용 설교'라 할 수 있습니다.

2. 강해 설교는 어떻게 작성하는 건가요?[27]

설교자의 영적 준비는 설교 작성의 원천입니다. 하나님과 설교자가 친밀한 교제 누림이 없다면 하나님의 말씀에 대한 신비한 이해를 경험할 수 없습니다. 그리고 설교자는 자신의 능력만으로 설교를 작성한다면 하나님이 아닌, 자신이 말하고자 하는 내용만을 전달할 수밖에 없습니다.

그러므로 설교자는 기도를 통하여 절대자이신 하나님 앞에 영적인 무릎을 꿇는 거룩한 교제가 전제될 때, 올바른 설교가 가능합니다. 그러나 지금 전개하는 글의 내용은 하나님과 설교자의 영적 교제인 기도에 관한 구체적 이해를 제외합니다.

단지 설교자인 당신을 위하여 강해 설교 작성을 위한 일련의 과정을 따라 강해 설교 작성의 실제 방법을 설명하고자 합니다. 지금부터 당신은 앞으로 전개될 강해설교 작성 방법을 꾸준히 연습하면 좋은 결과를 얻을 수 있을 것입니다. 먼저 설교를 위한 성경 본문의 범위를 어떻게 정하는지 살펴보겠습니다.

(1) 설교를 위한 성경 본문의 범위를 어떻게 한정해야 할까요?

설교자는 도표에서 알 수 있는 것처럼, 다양한 방법을 취함으로 설교 작성을 위한 성경 본문의 범위를 결정합니다.[28]

설교 본문은 주로 어떻게 정합니까? 해당 사항에 모두 O표 해주십시오.

1. 강해 설교이므로 문제되지 않는다.
2. 교회력에 따른다.
3. 목회 계획에 따른다.
4. 교회력과 목회 계획을 절충한다.
5. 그때그때 영감에 따른다.
6. 설교자 개인의 성경 읽기 계획에 따른다.
7. 성도의 상황과 시기적 정황에 맞는 본문을 찾는다.
8. 기타 : (_____)

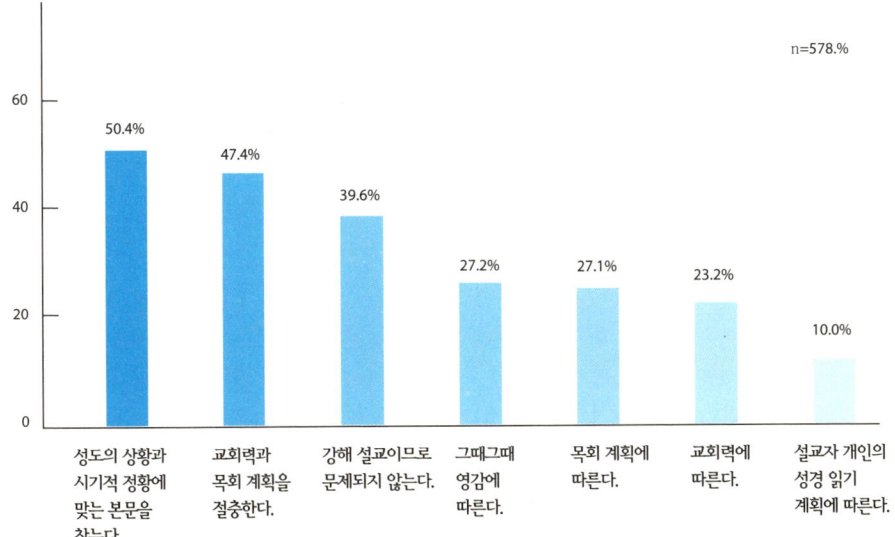

계층별, %

		사례수	성도의 상황과 시기적 정황에 맞는 본문을 찾는다.	교회력과 목회 계획을 절충한다.	강해 설교이므로 문제되지 않는다.	그때그때 영감에 따른다.	목회 계획에 따른다.	교회력에 따른다.	설교자 개인의 성경 읽기 계획에 따른다.
연령	30대	(60)	36.7	48.3	50.0	21.9	30.2	27.0	13.4
	40대	(270)	50.6	47.2	40.1	25.4	25.6	20.5	9.4
	50대	(186)	57.1	48.6	40.1	29.7	29.3	24.0	9.6
	60대 이상	(62)	42.4	43.5	25.7	32.4	24.5	28.6	9.9
교회 규모 (장년 출석 인원)	50명 미만	(249)	52.1	43.8	38.9	32.6	25.2	21.7	10.3
	50~300명 미만	(242)	50.2	46.4	41.7	25.0	29.0	25.7	10.5
	300명 이상	(87)	46.2	60.3	35.6	17.8	27.7	20.1	7.3

왜 성경본문을 한정하는 것이 이토록 중요한 걸까요? 설교 준비는 설교할 성경본문을 확정하는 단계로부터 시작되기 때문입니다.

그 뒤, 설교자는 성경본문 묵상과 성경 본문에 따른 성경주석들과 기타자료를 참고한 뒤, 설교를 작성합니다. 다시 말해, 설교자가 설교를 위하여 성경본문을 한정할 때, 성경본문이 설교의 주제와 내용의 지침이 됩니다.

설교자는 설교를 위하여 성경 본문의 범위를 정하는 순간부터 그 성경 본문을 보다 적극적으로 연구하여 그 안에 있는 귀한 보화를 캐내려고 노력합니다. 어떤 사람은 성경 본문의 한계를 정한다는 것을 설교 준비에 있어서 가장 사소한 것 중 하나라 치부할지 모릅니다.

그러나 설교자는 성경 본문의 한계를 잘못 선정함으로 하나님께서 성경을 통해 말씀하시고자 하는 바를 왜곡시키거나 불충분하게 전달될 수 있다는 사실을 알아야 합니다.

다음은 설교자가 설교 작성을 위하여 성경본문을 결정할 때, 흔히 범하는 실수들 가운데 몇 가지만 소개합니다.

① 설교자가 익숙한 말씀이기에 설교를 위한 성경 본문을 무심코 정하는 경우

설교자는 때로 익숙한 성경본문을 설교할 때가 있습니다. 익숙한 성경본문이란 많이 읽고 암송했던 성경본문일 수 있습니다. 또한 설교자에게 여러 설교자들로부터 설교를 통해 접했던 익숙한 성경구절일 수도 있습니다. 이 경우에 설교자는 자신에게 익숙한 성경본문이기 때문에 무심코 설교를 위한 성경본문을 한정하는 실수를 범합니다. 한 가지 예를 들겠습니다.

설교자에게 마 18:19~20절 "진실로 다시 너희에게 이르노니 너희 중의 두 사람이 땅에서 합심하여 무엇이든지 구하면 하늘에 계신 내 아버지께서 그들을 위하여 이루게 하시리라 두 세 사람이 내 이름으로 모인 곳에는 나도 그들 중에 있느니라" 은 익숙한 말씀입니다.

그래서 설교자는 마 18:19~20절을 익히 알고 있기에 설교 본문을 두 구절, 마 18:19~20절을 설교를 위한 성경본문으로 한정합니다. 그리고 설교 제목을 '합심기도를 해야 하는 이유' 혹은 '함께 기도할 때 응답하시는 하나님' 등으로 정합니다. 설교자는 너무 잘 알고 있는 본문, 많이 암송했던 본문, 그리고 다른 설교자들에게 설교를 통해 들었던 익숙한 본문이기에 자신의 판단이 적절하다고 믿습니다.

그러나 설교자는 설교를 위한 성경 본문의 한계를 부적절하게 결정했으며 그로 인하여 설교 주제도 어긋난 방향으로 정했습니다. 실제, 마 18:19~20절만 설교를 위한 성경본문의 한계로 정할 수 없습니다. 왜냐하면 마 18:15절부터 '어떤 형제의 실수....'에 대하여 논하기 시작합니다. 그리고 교회에서 형제의 실수를 어떻게 하면 바르게 교정할 수 있을까?

즉, 권징을 통해 형제를 되돌리는 방법에 대하여 예수는 논하고 계십니다. 그리고 마 18:19~20절에 '두 세 사람의 합심과 기도..'에 대하여 언급합니다. 마지막으로 마 18:21~35절을 보면 '용서'에 대한 이야기가 나오는데 특히, 예수는 용서할 줄 모르는 종의 비유를 들어 설명합니다. 결국, 본문이 의도하는 바는 합심 기도가 아니라, '형제의 실수와 권징, 그리고 용서'가 주된 내용입니다.

그러므로 성경 내용의 흐름을 종합적으로 이해한 설교자라면 설교를 위한 성경본문의 한계를 마 18:15~35절로 정한 후, '교회 권징을 통한 회개와 하나님의 용서'에 대하여 설교할 수밖에 없습니다.

② 설교자가 성경에 표기된 '장절'과 기호 표시인 'ⓞ, ○'에 현혹되는 경우

처음부터 성경을 기록될 때에 '장과 절'로 구분하여 필사나 인쇄되었을까요? 인쇄술이 발달하기 전, 개인이 성경을 소유하기 어려웠을 겁니다. 성경의 가격이 만만치 않았을 것이며 문맹률이 높았기에 소유할 엄두를 내지 못했을 겁니다. 그러므로 교회 안에 성경이 공용으로 비치되어 있었습니다. 또한 성경의 내용이 장절로 구분되지 않았기에 읽거나 기억하는데 불편함이 있었습니다.

성경이 오늘날과 같이 '장과 절'을 구분되기 시작한 것은 1226년 영국 캔터베리 주교인 랑톤(stephen Langton)에 의하여 성경에 장이 표기 됩니다. 그리고 1551년 인쇄업자인 스테파누스(Robert Stephanus)가 인쇄의 편의를 위해 '장과 절'을 구분하여 출판한 『그리스 성경 4판』부터라 할 수 있습니다.[29]

물론 그가 성경의 문맥을 충실히 따라가며 '장과 절'로 구별했으나 실수가 있었습니다. 그러므로 설교자는 때로 성경에 표기된 '장과 절'의 현혹으로 말미암아 설교를 위한 성경 본문을 한정할 때 실수를 범할 수 있습니다.

예를 들어, 설교자가 고전 13장을 통하여 '사랑'에 대하여 설교하길 원합니다. 그때 설교자는 망설이지 않고 성경 본문을 고전 13장으로 정한 후, 설교 제목을 '사랑'이라 붙입니다. 물론 고전 13장을 '사랑 장'이란 애칭도 갖고 있으며 고전 13:1~13절을 세밀하게 구분하여 여러 차례 설교할 수 있습니다. 이것을 부인하지 않습니다. 그러나 설교자가 성경 본문의 '장과 절'의 유혹에서 벗어나 고전 13장을 살펴보면 실제 고전 12:31절부터 성경 본문의 문맥이 시작한다는 걸 알 수 있습니다.

바울은 고전 12:31절에서 '... 더욱 큰 은사를 사모하라 내가 또한 가장 좋은 길을 너희에게 보이리라' 말하면서 고전 13장에서 '사랑'에 대하여 설명합니다. 그러므로 설교자는 다시 본문의 내용을 살피면 바울의 의도가 '더욱 큰 은사' = '가장 좋은 길' = '사랑(하라)'라는 것을 알 수 있습니다.

또한 설교자는 성경 구절 앞에 있는 기호표시인 '◎과 ○'에 현혹되어 간혹 설교를 위한 성경 본문을 부적절하게 한정할 수 있습니다. 예들 들면, 설교자가 스 7:1~10절을 본문으로 정하고 설교하기로 결정합니다. 그 이유는 설교자가 스 7:1절부터 새로운 주제로서 하나님께서 에스라를 리더로 세워 포로된 이스라엘을 예루살렘에 귀향시키는 사건이 등장한다고 생각했기 때문입니다. 그리고 스 7:10절의 시작에 '○' 표기가 되어 있고, 스 7:11절에는 새로운 내용의 시작인 것처럼 '◎' 표시되어 있습니다.

그러므로 많은 설교자들은 일반적으로 스 7:1~11절을 본문으로 정하고 '하나님의 사람인 에스라'에 대하여 설교합니다. 그러나 지금 설교자는 성경 구절 앞에 놓인 기호 표시 '◎과 ○'에 현혹되어 본문의 의도를 파악하기 못하고 있습니다. 먼저 스 7:1~10절을 살펴보면 바사 왕 아닥사스다 왕에 대한 소개와 에스라에 대한 소개로 이야기는 시작합니다.

그리고 하나님께서 아닥사스다 왕을 통하여 재위 7년에 자신의 약속을 이루기 위하여 에스라에게 명하여 이스라엘 백성을 귀향토록 명하십니다. 그리고 바벨론에서 예루살렘까지의 여정에 대해서 설명하지 않은 채, 스 7:9절에 떠난 날과 도착한 날이 기록되어 있고, 스 7:10절에는 에스라가 여호와의 율법을 연구하여 준행하며 율례와 규례를 이스라엘에게 가르치기로 결심합니다.

에스라는 귀향하는 이스라엘 백성과 함께 걸으며 이스라엘 땅에서 어떻게 살아야 할까 고민했습니다. 그리고 하나님께서 에스라에게 율법 연구, 율법 준행, 그리고 이스라엘 백성에게 율법을 가르쳐야 하는 지혜를 허락하십니다.

설교자는 스 7장을 해석할 때, 내러티브 본문 해석에 있어서 '시간(time)'의 중요성을 파악해야 합니다. 스 7장은 역사를 '회상'하는 기법으로 기록되어 있습니다. 즉, 스 7:1~10절은 하나님께서 에스라를 통해 이스라엘 백성을 귀향시킨 사건과 귀향한 에스라의 결단이 기록되어 있습니다. 그리고 에스라는 바벨론에서 예루살렘으로 가는 여정 가운데 어떻게 하면 이스라엘 백성을 다시 하나님의 백성으로 회복시킬 수 있을까 많은 고민을 했으며, 하나님으로부터 답을 얻은 것이 바로 스 7:10절입니다.

그 후, 스 7:11절부터는 스 7:1~10절까지의 서술한 내용을 회상 기법으로 자세히 사건들을 열거하고 있습니다. 그러므로 설교자는 스 7:1~10절을 설교한다 할지라도 7:11절 이후에 나오는 사건들을 함께 설명하지 않으면 스 7장부터 회상적 기법으로 기록된 내용을 담아내어 설교를 할 수 없습니다.

③ 설교자가 자신의 의도성을 갖고 성경본문을 한정할 때 범하는 실수

설교자는 소위 '설교 꺼리'를 찾기 위해 다양한 방법을 동원합니다. 그러나 설교자는 성경을 읽거나 묵상하는 가운데 '설교 꺼리'를 찾는 경우와 일상의 삶이나 다른 경로를 통해 '설교 주제'를 생각하고 이 주제와 부합되는 성경본문을 역으로 찾는 경우가 있습니다. 그런데 설교자가 의도적으로 설교 주제를 먼저 생각하고 이에 부합되는 성경 본문을 찾을 때 실수를 범하는 경우가 종종 있습니다.

어떤 설교자가 교회교회 성도들 가운데 '고난'으로 인하여 고통받는 사람을 발견했다 가정합시다. 그리고 하나님께서 고난 받는 성도를 반드시 승리케 하실 것이란 위로의 설교를 설교자는 하길 원합니다. 설교자는 자연스럽게 '고난'에 대하여 설교할 것이고 '고난'

을 이겨내는 성경본문을 찾을 겁니다. 설교자는 막 4:35~41절에서 예수께서 광풍을 잠잠케 하고 제자들을 편안케 하는 장면을 기억해 냅니다. 그리고 설교자는 성경본문을 막 4:35~41절로 정하고 설교 제목을 '광풍을 잠잠케 하시는 하나님' 이라 정한 후, 고난 받는 성도를 위하여 설교합니다.

과연 설교자가 막 4:35~41절을 성경본문으로 정한 후, 고난 극복에 관하여 설교하는 것이 타당할까요? 물론 많은 설교자들이 이 성경본문을 고난 극복을 중심으로 설교합니다. 그러나 성경본문의 내용과 앞과 뒤에 나오는 사건들을 살펴보면 조금 다르게 설교할 수 있습니다. 먼저 막 4:26~34절을 살펴보면 씨에 대한 비유가 나옵니다. 그리고 씨가 땅에 뿌려져 열매를 맺는 경우와 그렇지 않는 경우를 설명합니다. 그 후, 막 4:35~41절에 바람을 잠잠케 하시는 예수님이 등장합니다.

설교자라면 예수께서 제자들에게 씨에 대한 비유를 통해 믿음이 자란다는 것이 얼마나 어려운 것인지 이론적으로 가르치신 후, 광풍이라는 고난 훈련을 경험케 함으로 제자들을 성숙하게 하기 위한 의도는 아닌가 생각해 볼 필요가 있습니다. 또한 성경 해석의 각도를 달리 한다면, 막 4:35~41절은 광풍 사건이 등장하고 막 5:1~20절은 거라사 군대 귀신이 나옵니다. 그런데 예수께서 막 4:39절에 광풍을 꾸짖는데, 광풍을 꾸짖는 것보다는 광풍을 일으킨 어떤 존재를 꾸짖는 표현처럼 되어 있습니다. 다시 말해, 막 4:35~41절의 광풍 사건은 예수와 제자들이 거사라 지역에 들어오지 못하도록 군대 귀신이 광풍을 일으키고 있습니다. 그렇다면 설교자는 성경본문을 막 4:35~5:20절까지 정한 후, 제자들의 영적 전쟁에 대하여 설교할 수 있습니다.

설교자는 설교를 위하여 성경 본문의 범위를 정할 때 신중하게 결정해야 합니다. 그렇다면 설교자가 어떻게 성경 본문을 올바르게 한정할 수 있을까요? 성경 본문은 짧든, 길든 간에 분명한 하나의 문학적 단위를 갖춥니다. 즉, 하나님은 성경 저자에게 조직적으로 하나의 문학 단위로 기록하게 하셨습니다. 그러므로 설교자는 성경 본문이 지닌 문학 단위를 인지한 뒤, 그에 따른 성경 본문의 한계를 정한고 설교를 작성해야 합니다.[30]

(2) 성경 본문의 내용 파악은 어떻게 해야 할까요?

설교자가 아무리 성경 본문을 한정했다 하더라도 그 성경 본문을 묵상 또는 해석하는 과정에서 한정된 성경 본문이 확대되거나 축소될 수 있습니다. 설교 작성에서 언제나 이러한 예외적 상황이 발생합니다. 그렇다면 설교자는 어떤 방법을 사용하여 성경 본문의 범위를 보다 더 정확하게 한정할 수 있을까요?

설교자는 설교 작성을 위하여 성경 본문을 한정할 때, 성경 본문의 시작과 끝을 확인해야 합니다. 그 뿐 아니라, 설교자는 성경 본문의 한계를 정했으나 그 성경 본문은 더 이야기의 한 부분임을 깨달아야 합니다. 왜냐하면 선택된 성경 본문은 마치 큰 무늬 모양의 벽지에 일부분을 잘라 낸 하나의 작은 벽지 조각에 불과하기 때문입니다. 그러므로 설교자는 정한 성경 본문의 전, 후 내용을 파악해야 합니다.[31] 그러나 도표에서 알 수 있듯이 많은 설교자들은 설교 본문을 확정한 후, 그 성경 본문을 몇 차례 읽고 곧바로 성경 주석을 찾아 성경 본문의 내용을 파악하는 경솔한 행동을 취합니다.[32]

1. 설교 본문을 확정한 후 가장 먼저 하는 것(기도 제외)

설교 본문을 정한 후 기도외에 가장 먼저 하는 것은 무엇입니까?
1. 주석부터 먼저 찾아본다.   2. 본문 이해 차원에서 성경을 몇 번씩 읽는다.
3. 다른 설교자의 설교집을 펴본다.   4. 관련 서적, 잡지, 자료를 읽는다.
5. 기타 : (   )

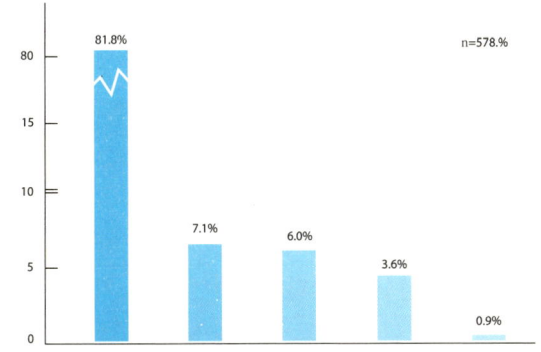

- '성경을 반복해 읽는' 경우가 대부분의 계층에서 높게 나타났다. '주석부터 먼저 찾아본다'는 응답은 60대 이상(16.1%), 중대형 교회(14.3%)에서 상대적으로 높게 나타남.

계층별, %

		사례수	본문 이해 차원에서 성경을 몇 번씩 읽는다.	주석부터 먼저 찾아본다.	관련 서적, 잡지, 자료를 읽는다.	다른 설교자의 설교집을 펴본다.	묵상
연령	30대	(60)	80.1	3.3	6.8	6.6	0.9
	40대	(270)	85.2	4.0	6.8	3.2	0.0
	50대	(186)	80.0	9.7	3.7	4.3	1.7
	60대 이상	(62)	73.8	16.1	8.3	0.0	1.8
교회 규모 (장년 출석 인원)	50명 미만	(249)	81.9	5.6	7.3	3.6	0.9
	50~300명 미만	(242)	84.9	6.0	5.0	2.4	1.3

한국 교회의 특성상, 모든 설교자는 한 주 동안 몇 차례 선포해야 하는 설교의 양에 부담감을 느끼기 때문에 이런 행동을 서슴없이 저지릅니다. 그러나 설교자의 잘못된 행동으로 인하여 설교학적(성경해석학적)으로 두 가지 문제를 야기 시킵니다.

① 설교자가 성경 본문의 이해 차원에서 정해진 본문을 몇 번 읽고 설교를 작성하는 경우, 설교자는 '자신의 신학적 고정관념을 주입하는 문제' 와 '성경 본문을 향해 질문을 던지는 행동'은 언제나 순서대로 꼭 이루어지는 것은 아닙니다. [33)]

설교자는 이미 자신이 가지고 있는 고정관념과 선입견, 그리고 신학적 혹은 신앙적 취향이나 기호 등을 가지고 있습니다. 이런 여러 가지 설교자의 선 이해(Pre-understanding)로 인하여 설교자는 성경 본문을 해석하기 전에 이미 그 성경 본문이 말하고자 하는 핵심 주제를 결정한 상태에서 성경 본문에 접근합니다.

즉, 자신의 선 이해를 주입시킴으로 설교자는 스스로 성경 본문의 의미를 왜곡시키거나 조작하는 문제를 야기 시킵니다. 또한 설교자는 성경 본문의 의미를 비트는(twist) 문제 못지않게 성경 본문을 건성으로 읽기에 그 본문의 주요 내용을 지나치는 문제도 쉽게 일으킵니다. 성경 본문을 건성으로 읽기에 발생에는 '지나치기' 문제는 성경 본문을 불충실하게 접근하기에 성경 본문의 주요 내용을 놓치는 결과를 초래합니다.

② 성경주석을 먼저 참고하는 행위의 문제, 즉 설교자의 성경주석 활용에 관한 문제입니다. 설교자가 선택된 성경본문을 묵상하기 보다는 이미 그 성경본문을 설명하고 있는 여러 종류의 성경주석들을 살핌으로 설교자와 성경본문 간의 신학적 소통을 스스로 방해합니다.

다시 말해, 설교자는 성경본문과 거룩한 씨름을 하기 보다는 주석자들과 설교자 사이의 보이지 않는 대화를 통해 성경본문을 해석하는 행위에 더 익숙해집니다.[34)] 우리는 이런 실수에 대하여 "설교자들이 설교를 준비할 때, 너무 빨리 성경주석을 참고하는 것은 마치 신비로운 곳(성경본문) 안에서 성령 하나님과 함께 춤을 추는 것을 너무 쉽게 끝내는 것일 뿐 아니라, 진리의 길 중심에서 이탈하여 곁길로 걷는 것" 이라 비판합니다.[35)]

또한 설교자들은 성경주석 안에 자신이 생각하는 모든 질문들의 답들이 있을 것이란 착각을 합니다. 성경주석은 하나님께서 인간의 힘을 빌려 성경본문을 해석하게 하신 내용들을 책으로 출판한 겁니다.

그러므로 우리가 이 땅에서 경험하고 있는 수많은 문제들에게 대하여 침묵을 지키고 있을 수 있을 뿐 아니라, 성경주석 안에는 설교자가 얻고자 하는 답들이 없을 수도 있습니다.

분명한 건 성경주석이란 설교자로 하여금 설교를 준비하거나 성경연구를 더 깊이 할 수 있도록 돕는 역할을 합니다. 그러므로 성경과 같은 절대적 위치를 가지고 있지 않습니다. 롱은 "주석가는 기껏해야 이 길을 절반 정도만 함께 갈 수 있다. 사실 우리는[설교자는] 대부분 이보다 일찍 그들과 작별하고 혼자 힘으로 마지막 석의 단계에 들어서야 함"을 말합니다.[36] 성경주석이란 설교자가 설교를 준비할 때 돕는 역할일 뿐, 모든 것을 가르쳐 주지 않습니다.

마지막으로 성경주석의 활용에 있어서 설교자가 성경주석을 무시하는 행위입니다. 설교자들 가운데 일부는 단순히 설교를 준비하기 위해 오랜 시간 묵상한 후, 설교를 작성하는 것이 더 타당하다 주장합니다. 그러나 교회의 역사를 살펴보면 성경해석의 전쟁이라 할 수 있습니다. 왜냐하면 기독교는 로마 교회뿐 아니라, 다른 이단들과 논쟁할 때 언제나 성경본문을 어떻게 해석하느냐 논쟁했기 때문입니다.

이러한 논쟁들을 모아 정리한 것들이 성경주석 내용 안에 고스란히 담겨져 있습니다. 그러므로 설교자가 설교준비 시, 성경주석을 포기하는 행위는 자칫, 기독교만이 가지고 있는 역사적, 신학적 보물을 포기하는 것과 같을 수 있습니다. 그 뿐 아니라, 설교자가 성경주석을 무시할 때, 자신의 선 이해에 봉착할 수 있습니다.

즉, 설교자 역시 성경을 접하기 전에, 이미 선 이해를 가지고 있기에 성경해석에 있어서 객관성을 확보하지 못합니다. 그러므로 설교자 누구나 성경을 묵상할 때 자신의 주관적인 잣대만을 가지고 성경을 해석하는 실수를 자주 범할 수밖에 없습니다. 설교자는 이러한 주관적인 해석의 문제점을 방지하는 차원에서라도 여러 성경주석의 내용을 참고함으로 성경본문을 다각도로 살펴봐야 합니다.

(3) 성경 본문의 범위 한정과 내용 이해를 돕는 방법은 없을까?

설교 준비과정 중, '성경 본문의 범위 한정'과 '한정된 성경 본문의 내용 파악'에서 설교자가 겪는 설교학적 문제를 해결할 수 있는 방법은 없을까요? 물론 완벽하게 문제를 해결할 수는 없습니다.

그러나 두 가지 방법 – 성경 본문을 설교자의 언어로 바꾸기, 성경 본문을 향해 질문 던지기 – 을 사용한다면 설교 작성 과정 중 '성경 본문의 범위 한정'과 '성경 본문의 내용 파악' 가운데 일어날 수 있는 실수들을 최대한으로 방지할 수 있습니다. 그러나 설교자에게 있어서 '성경 본문을 자신의 언어로 바꾸는 일'과 '성경 본문을 향해 질문을 던지는 행동'이 순서대로 꼭 이루어지지 않습니다.

설교자가 성경 본문을 자신의 언어로 바꾸는 과정에서 동시에 성경 본문의 내용에 관한 질문이 생길 수밖에 없기 때문입니다.

또한 반대로 성경 본문을 향해 질문을 던지는 과정을 통하여 설교자는 더 구체적인 자신의 언어로 재구성할 수도 있습니다.

① 성경 본문을 설교자의 언어로 바꾸기

설교자는 설교 준비를 위해서 성경 본문을 정하는 순간부터 자연스럽게 성경 해석자가 됩니다. 그리고 성경 본문으로부터 물러나 설교 작성이 끝나기까지 설교자는 해석자로서 성경 본문의 내용을 정확하며 구체적으로 파악해야 하는 책임감을 갖습니다.

그러므로 설교자는 자연스럽게 성경 본문 안에 머무를 뿐 아니라, 젖어들어야 합니다.[37] 그러나 성경 본문에 머물거나 젖어들기 위하여 무엇을 해야 할까요? 사실, 설교자가 성경 본문을 처음 접하는 순간부터 심취할 수 없습니다.

즉, 설교자는 성경본문을 반복적으로 읽고 묵상하는 과정을 거치며 성경 본문의 내용에 심취하기 시작합니다.

그러나 단순히 그 본문을 눈으로 읽고 묵상하는 것만으로 부족합니다. 설교자에게 어떤 의도적인 과정이 필요합니다, 바로 설교를 위하여 정한 성경 본문을 설교자 자신의 언어로 바꿔 보는 겁니다.

설교자는 성경 본문을 쉬운 자신의 언어로 바꾸는 과정에서 성경 본문과의 거리를 더욱 밀착시킬 수 있습니다. 어떤 이는 성경본문을 설교자 자신의 언어로 바꾸는 과정을 가리켜 거룩한 하나님의 말씀을 희극화 하는 것이라 비난할지 모릅니다. 그러나 이 과정을 통하여 설교자는 성경 본문의 절과 절 사이, 단어와 단어 사이의 행간의 깊은 의미를 끌어낼 수 있는 거룩한 상상력을 발휘하게 됩니다.

② 성경 본문을 향해 질문 던지기

설교자는 성경 본문을 자신의 언어로 바꾸는 과정을 통하여 성경 본문을 향한 질문들이 자연스럽게 떠오릅니다. 성경 해석이란 무엇일까요? 설교자가 성경 본문을 향해 질문을 던진 후, 그 답을 스스로 찾는 거 아닐까요? 결국, 설교자는 성경 본문을 향하여 많은 질문들을 던지고 그 답을 찾아 나설 때 비로소 성경 본문의 참 내용들을 깨닫습니다.

그러므로 설교자에게 있어서 성경 본문을 향해 질문하는 행위, 그 자체는 이미 거룩한 상상력을 동원한 창조적 행위이며 성경 본문과 끊임없는 대화를 시도하는 것이라 할 수 있습니다.[38] 리즈(Dorothy Leeds)는 질문의 능력을 다음처럼 정의합니다. "질문은 보다 나은 방향을 제시한다.... 질문을 하면... 좀더 깊이 탐구하거나 주변을 변화시키는 조치를 취하는 계기가 마련되기도 한다.... [그리고] 질문은 새로운 방향을 제시한다...."[39]

물론 '성경 해석학'을 살펴보면, 설교자는 성경 본문을 역사적, 문법(학)적, 신학적으로 해석해야 한다고 가르침을 줍니다. 설교자는 이러한 세 가지 해석적인 틀을 결코 무시할 수 없습니다. 그러므로 혹자는 성경 본문을 '성경 본문을 자신의 언어로 바꾸기'와 '성경 본문을 향해 질문을 던짐'과 같은 방식을 인정하지 않을 수 있습니다. 그러나 설교자는 설교 준비과정 가운데 '성경 본문을 자신의 언어로 바꾸기'와 '성경 본문을 향해 질문을 던짐'으로 자연스럽게 성경 본문을 역사적, 문법적, 신학적 관점에서 살피는 계기를 얻습니다.

다시 말해, 이 두 가지 과정은 역사적, 문법(학)적, 신학적 해석이라 명시하지는 않지만 모두 수행하고 있습니다.

또한 인간의 머리는 이 세 가지 해석방법을 수행할 때, 시간의 순서에 따라 진행하는 것이 아니라, 동시 발생적으로 일으킵니다. 그러므로 오히려 설교자는 성경 주석들을 통하여 '성경 본문을 자신의 언어로 재구성한 내용의 타당성 여부'와 '자신이 생각해 낸 수많은 질문들'에 대한 해답을 얻음으로 보다 구체적이고 탄탄한 성경 본문 해석을 할 수 있게 됩니다.

③ 정해진 성경 본문의 범위를 확장 또는 좁히기

설교자는 두 과정 – 성경 본문을 자신의 언어로 바꾸기와 성경 본문을 향해 질문던지기 –을 통하여 이미 정한 성경 본문의 범위를 더 확장할 것인가 좁힐 것인가에 대한 실마리를 얻음으로 보다 분명하게 설교를 위한 본문 범위를 재설정할 수 있는 기회를 얻습니다.

ⓐ 성경 본문의 범위를 확장하기

설교자가 성경 본문의 범위를 행 5:1~11절(아나니아와 삽비라의 죽음)으로 한정한 것으로 가정합시다.

그리고 설교자는 행 5:1~11절을 '자신의 언어로 바꾸는 과정'과 '질문 던지는 과정'을 다음과 같이 진행할 것입니다.

성경 본문을 설교자의 언어로 바꾸기	성경 본문을 향해 질문 던지기
아나니아와 삽비라 하는 부자가 있었다. 그들은 아마도 초대교회에서 꽤나 알려진 자들이었다. 어느 날, 이 부부가 자신의 소유인 땅을 팔아 하나님께 헌금하기로 했다…	하나님은 왜 교회 직분자, 그것도 다른 누구보다 많이 헌금(헌신)한 아나니아와 삽비라를 죽이셨을까?

설교자는 자신의 언어로 성경 본문을 정리하는 가운데 '하나님은 왜 교회 직분자, 그것도 다른 누구보다 더 많은 헌금(헌신)을 드린 아나니아와 삽비라를 죽이셨을까?' 란 의문이 생깁니다. 그리고 설교자는 나름 이 문제에 답을 찾기 위하여 여러 자료들을 참고할 것입니다. 그 가운데, 행 5:1-11절의 시작이 한글성경에는 없으나, 영어성경에 'But'으로 시작한다는 걸 알게 됩니다. 그리고 행 5:1~11절의 내용(아나니아와 삽비라 사건)과 상반된 이야기가 앞에 있음을 깨닫습니다. 즉, 행 4:32~35절에 나오는 초대교회 성도들의 행동, 그리고 행 4:36~37절의 바나바의 행동은 아나니아와 삽비라의 행동이 서로 대조를 이루고 있음을 알 수 있습니다. 그리고 설교자는 다시 행 4:32~5:11절을 세 부분으로 나누어 생각할 것입니다.

행 4:32~35 교회 공동체	행 4:36~37 바나바	행 5:1~11 아나니아와 삽비라
34절: (소유를) 팔아	37절: (소유를) 팔아	1절: (소유를) 팔아
34절: 그 값을 가져다가	37절: 그 값을 가져다가	2절: 그 값에서 얼마를 가져다가
35절: 사도들의 발 앞에 두매	37절: 사도들의 발 앞에 두니라	2절: 사도들의 발 앞에 두니
31절: (성령이) 충만하여	37절: (성령이 충만하여)	3절: 사탄이 네 마음에 가득하여 네가 성령을 속이고

설교자는 처음 설교를 위하여 행 5:1~11절을 성경 본문의 범위로 확정했었습니다. 그러나 설교자는 행 5:1~11절을 자신의 언어로 바꾸고 여러 질문들을 쏟아 냄으로 설교를 위한 성경본문을 행 4:32~5:11절까지 확장하여 재설정하게 됩니다.

실제 설교자로서 저도 설교를 위해 본문을 설정한 후, 묵상하는 가운데에서 설교를 위해 한정한 성경 본문이 확장되는 경우를 너무나 많이 경험했습니다. 아마도 많은 설교자가 설교를 위해 성경 본문을 한정했더라도 성경 본문의 범위가 확장되는 경우를 대부분 경험했을 것입니다.

ⓑ 성경 본문의 범위를 좁히기

설교자는 성경 본문을 너무 넓게 한정하여 고유한 성경 내용을 퇴색시키거나 반감시키는 경우가 있습니다. 만일 당신이 골로새서를 몇 주간 또는 몇 달에 걸쳐 설교하기로 마음먹습니다. 그리고 골로새서를 당신의 생각 하에 설교 계획표를 작성 한다 가정합시다.

설교자로서 당신은 골 1장을 몇 주간에 걸쳐 설교하고 싶으신가요? 일반적으로 설교자는 골 1:1~8(12)절을 통하여 골로새 성도의 믿음에 대하여, 골 1:9(13)~23절을 예수 그리스도라는 기독론과 구원론 관점에서, 마지막으로 골 1:24~29절을 통하여 사도 바울의 거룩한 수고로움에 대하여 설교하기로 결정할 것입니다. 물론 설교자마다 골 1장을 몇 번 설교할 수 있을지는 개인의 몫입니다.

그러나 설교자는 골 1:1~8(12)절로 설교를 위한 성경 본문을 한정한 점을 유의해야 합니다. 설교자는 골 1:1~8절이란 범위를 정한 후 설교하는 것에 대하여 잘못된 결정이라 생각할 수 있습니다.

만일 설교자가 골 1:1~8(12)절을 자신의 언어로 바꾸는 과정에서 갑자기 골 1:1~2절과 골 1:3~8(12)절의 내용이 흐름 상 동일한 것인가? 라는 질문을 던진다면 성경 본문의 한계에 어떤 변화가 생길까요? 골 1:1~2절에 나오는 바울의 인사 부분에 관한 내용이 자칫 골 1:3~8(12)절의 골로새 성도의 믿음에 관한 내용에 희석될 수 있습니다.

　모든 서신서를 살펴보면 편지의 첫 부분은 언제나 인사로 시작합니다. 형식적인 인사라 생각할 수 있습니다. 그렇기에 설교자는 서신서의 인사를 대수롭지 않게 생각하고 지나치는 경우가 있습니다.

　그러나 분명히 골 1:1~8(12)절은 바울의 인사와 골로새 성도들의 믿음으로 나누어져 있습니다. 그러므로 설교자가 골 1:1~8(12)절을 설교하기보다는 골 1:1~2절의 바울의 인사 부분을 성경 본문의 한계로 좁혀 설교한 후, 다시 골 1:3~8(12)절을 골로새 성도의 신앙 자태에 대해 설교하는 것이 좋을 듯합니다. 그렇다면 설교자가 골 1:1~2절에 나오는 바울의 인사를 통하여 무엇을 설교할 수 있을까요?

　많은 설교자들은 이 질문에 쉽게 답할 수 없기에 골 1:1~8(12)절로 한데 묶어 설교하길 원할 겁니다. 정말 골 1:1~2절의 바울의 인사는 설교할 수 없는 자투리 말씀일까요?

　혹시 골 1:1~2절을 포스트모더니즘 시대 속에 사는 자들에게 도전적인 선포의 메시지로 담아 설교하면 안 될까요?

　다시 말해, 작금의 시대가 종교다원주의, 권위에 대한 부정, 개인주의 등의 사조에 물들어 있을 때, 바울의 신앙고백적인 인사가 우리의 신앙고백이 되면 안 될까요? 설교자가 골로새 지역의 상황을 이해한 후, 성도로서 '신적 권위를 인정해야 함'과 '신적 권위로부터 인정받은 바울의 말을 반드시 계시로 받아드려야 함'과 '은혜와 평강이 사람으로부터 오는 것이 아니라, 오직 하나님으로부터만 임하는 복'이라는 사실을 설교한다면 충분히 성도들과 함께 신앙적 공감대를 형성할 수 있습니다.

　다시 말해, 골 1:1~2절을 통하여 설교자가 포스트모더니즘 시대와 충돌하는 세계관에 대하여 설교한다면 가장 시기적절한 설교 주제일 것입니다. 왜냐하면 노에벨(David A. Noebel)이 작금의 시대가 보여주는 충돌하는 세계관에 대하여 이렇게 말했기 때문입니다.

> 미국과 세계 곳곳에서는 세계관들끼리 팽팽한 줄다리기를 벌이고 있다. 그런데 이것을 전통적 기독교 사상을 지닌 사람들, 다양한 자유주의/급진주의 인본주의자들, 그리고 전통적인 이슬람교를 신봉하는 과격주의자들 간의 정치적이며 윤리적인 충돌로만 생각하려는 경향이 있다. 그러나 젊은이들의 생각과 마음을 얻기 위한 이 전투는 정치와 윤리보다 훨씬 더 많은 것을 내표한다. 우리는 예수 그리스도를 믿고 따르는 삶이 정치적 윤리적 신념뿐 아니라 신학, 철학, 윤리학, 생물학, 심리학, 사회학, 법학, 정치학, 경제학, 역사학의 분야를 생각하고 행동하는 방식에 어떤 영향을 주는지 고려해야 한다. 이러한 신념의 집합체를 '세계관'이라 부른다. 이 세계관의 대 격돌지에서... 우리 시대 가장 큰 전투가 일주일에 7일, 하루 24시간 끊임없이 진행되고 있다.[40]

이제부터 설교자는 자신이 정한 성경본문의 의미를 더 자세히 파악하기 위하여 반드시 성경주석을 참고 합니다. 그러나 설교자가 성경주석을 참고할 때, 반드시 주의해야 할 점이 있습니다. 지금부터는 성경주석이 무엇인지, 어떻게 선택해야 하는지, 그리고 어떻게 활용해야 할지 살펴보겠습니다.

(4) 성경주석은 무엇인가요? 그리고 어떻게 활용하고 선택해야 할까요?

설교자는 자신이 정한 성경본문의 의미를 더 자세히 파악하기 위하여 반드시 성경주석을 참고 합니다. 그러나 설교자가 성경주석을 참고할 때, 반드시 주의해야 할 점이 있습니다. 이제부터는 성경주석이 무엇인지, 어떻게 선택해야 하는지, 그리고 어떻게 활용해야 할지 살펴보겠습니다.

설교자는 청중에게 하나님의 말씀을 전달하기 위해서 하나님으로부터 부름 받은 자입니다. 그러므로 설교자는 하나님의 대사로서 청중을 바라보며 하나님의 말씀을 선포해야 하는 거룩한 의무를 갖습니다.[41] 설교자는 언제나 설교준비 과정을 통해서 인고의 시간을 경험합니다.

즉, 설교자는 매 주 정기적으로 해야 할 설교의 횟수가 수차례나 될 뿐더러 성경본문과 세상 사이에서 거룩한 씨름을 한 후, 한 편의 설교를 작성하는 거룩한 부담감을 갖습니다.

그러므로 설교자에게 있어서 설교 작성은 어려운 영적 노동일 수밖에 없습니다. 어려운 영적 노동인 설교 작성을 위하여 성경주석의 선택과 활용은 중요한 역할을 감당할 수밖에 없습니다. 왜냐하면 성경주석은 설교자의 성경해석을 도우며 설교자가 미처 깨닫지 못한 내용들까지 손쉽게 습득하도록 돕기 때문입니다. 이러한 성경주석의 장점이 있기에 많은 설교학자들과 일선의 설교자들은 설교준비 과정 시, 성경주석의 선택과 활용의 중요성에 대하여 강조합니다.

그러나 설교학자들은 좋은 성경주석의 선택과 올바른 사용방법의 중요성에 대하여 언제나 언급하고 강조하지만 실상 성경주석의 선택과 활용방법에 관한 구체적인 설명을 제시하는데 미진합니다. 그리고 설교에 관련된 여러 책들에서도 성경주석의 사용과 활용방법에 대하여 산발적 내지 추상적으로 설명할 뿐입니다.

그러므로 일선의 설교자들은 스스로 개인의 취향과 소견에 따라 성경주석을 선택하거나, 신앙의 선배나 여러 신학교 교수들이 추천하는 성경주석들을 참고하여 설교준비에 도움을 얻고 있는 실정입니다. 다시 말해, 설교학자들은 성경주석의 중요성에 관하여 강조만 할 뿐, 일선의 설교자들이 참고할 수 있는 성경주석의 선택방법과 활용방법에 관하여 무엇을 어떻게 해야 하는지 구체적으로 설명하지 않습니다. 롱도 성경주석의 선택에 대하여 조언을 아끼지 않는다.

분명한 것은 우리가 테이블에 모을 수 있는 권위 있는 주석의 수가 많으면 많을수록 토론은 더욱 풍성하고 흥미로워 진다는 것이다. 최근의 주석들은 비평적 본문 해석에 관한 최신 용어들을 소개해 준다. 그러나 비평적 주석 이전의 옛날 주석들도 무시해서는 안된다. 이들은 현대 비평주의의 굴절 렌즈가 놓친 이슈들을 다루고 있기 때문이다. 어떤 현대 주석은 본문이 교회 역사에 따라 어떻게 해석되어 왔는지에 대한 변천사를 보여 준다. 때때로 고대의 해석자들은, 정확히 말해 이 시대의 사람이 아니기 때문에, 현대인의 눈에는 감춰진 보화를 발견하는데 도움을 준다. [42]

① 성경주석이란 무엇인가요?

우선 석의(Exegesis)에 관한 정의를 살펴봐야 합니다. 석의란 헬라어 "엑세게시스"에서부터 유래된 것으로 "설명하다" 또는 "이끌어 내다"라는 의미를 갖습니다. 그러므로 석의란 성경본문의 내용을 정확하게 파악하는데 목적을 두는데,[43] 본문이 본래 의미하는 바가 무엇인가를 밝히는데 초점을 맞춥니다.[44] 그리고 석의를 통해서 성경연구를 충실하게 해 놓은 내용들을 책으로 출판한 것을 성경주석이라 말합니다.

그러므로 성경주석은 성경본문의 파악된 내용들을, 설교자들이 쉽게 접할 수 있도록 집필된 책을 가리킵니다.[45] 반면 주해란 석의와 달리 한 단어, 한 구절 같은 세밀한 설명을 전달하기 보다는 문단 자체에 어떤 의미가 있는지 설명하는 방식을 말합니다. 그리고 강해는 성경을 연구한 후, 성경본문이 오늘 우리에게 어떤 의미를 가지고 있는지 적절하게 적용시킨 것을 의미합니다.[46]

그러나 요즘 출판되는 성경주석을 살펴보면 이러한 세 가지의 특징(석의, 주해, 강해)들이 모두 포함되어 있기 때문에, 설교자들은 설교준비에 있어서 상당한 유익을 얻습니다. 더욱이 최근 주석자들은 성경본문의 해석과 관련하여 신자들의 삶과 사회적 이슈들을 서로 연관시키려 노력합니다. 다시 말해, 주석자들은 성경주석을 집필할 때 그 내용 안에 윤리적, 목회적 요소들을 포함시키려고 합니다.[47]

그러나 이러한 평가와 달리, 최근 출판되는 성경주석에 대하여 베스트(Ernest Best)는 다음과 같이 염려스러움을 표현합니다. "지난 10~20년 동안 많은 성경주석들이 쏟아져 나왔다. 그러나 어떤 성경주석들은 성경의 본문에 기반을 두고 성경본문을 설명하기 위해 집필된 것이 아니라, 다른 주석자들의 사상을 기반으로 비판 또는 동의함으로써 자신의 성경주석을 집필하고 있다."[48]

그의 비판에 따르면, 성경주석이란 성경본문들을 정확하게 설명하는 데 목적이 있으나 요즘 성경주석들은 자신의 신학적 사상들을 다른 주석자들의 신학적 사상을 빌려 정당성을 내세우는 문제점을 갖습니다. 하지만 새로운 성경주석은 계속 출판될 수밖에 없습니다. 왜냐하면 설교자가 설교준비를 위해 늘 새로운 성경주석을 구할 뿐 아니라, 신학자들 역시 신학적 탐구 욕구를 채우기 위해서 늘 새로운 성경주석들을 찾고 있기 때문입니다.[49]

② **성경주석의 유래에 대하여 알고 있나요?**

하나님께서 자신의 백성을 죄에서 구원하시기 위해 세상에 예수 그리스도를 보내시기 전, 유대의 여러 학자들, 우지엘(Uzziel), 힐렐(Hillel) 그리고 샴마이(Schammai) 등은 성경주석 집필과 같은 유사한 일들을 이미 해왔습니다.

바벨론 포로 이후, 유대인들은 자신의 언어인 히브리어보다 당시 폭넓게 사용되고 있던 아람어에 더 능숙했을 뿐 아니라, 히브리어에 관한 전반적인 이해가 부족했습니다. 그러므로 유대의 여러 학자들은 성경연구와 가르치기 위해서 히브리어로 기록된 성경을 아람어로 번역하는 작업을 할 수 밖에 없었습니다.

게다가 힐렐과 샴마이는 구두로 전해지는 율법의 내용들을 정리했을 뿐 아니라, 언어학적 접근과 적용을 통해서 모세오경을 해석한 후, 구두로 전해지는 율법의 내용과 함께 엮으려고 노력합니다.

왜냐하면 그들을 유대인들이 율법 안에서 어떻게 살아야 하는가 하는 규범을 책으로 집필하길 원했기 때문입니다. 이런 과정을 통해서 탄생한 것이 바로 '미쉬나'와 '탈무드' 입니다. 그러나 이스라엘의 아픈 역사를 되돌아보면 이러한 초기 주석 작업은 단순히 토라를 이스라엘 백성들에게 쉽게 이해시키기 위함만은 아니었습니다.

그 당시 이스라엘에게 밀어 닥친 헬라문화의 영향은 엄청났습니다. 그렇기에 토라를 주석하여 이스라엘 백성들에게 가르친 것은 토라를 통하여 이스라엘의 정체성을 회복시킴에 목적이 두었는데, 이러한 토라의 주석 작업을 통하여 이스라엘의 회당제도가 자리를 잡게 됩니다.[50]

그 후, 초기 기독교 시대 때, 알렉산드리아의 필로(Philo)가 성경주석 집필과 유사한 일을 하지 않았나 싶습니다.

당시, 그리스 철학과 신학은 서로에게 많은 영향을 주었습니다. 특히, 기독교의 진리가 비유대교 지역, 특히 그리스 철학이 지배하는 지역으로 침투해 들어갔습니다. 그러므로 필로와 몇몇 유대인 학자들은 성경과 그리스 철학을 접목시키려는 노력했습니다.

왜냐하면 그들은 모세와 플라톤이 상당히 유사한 생각을 지니고 있는 것으로 생각했기 때문입니다. 특별히 필로는 성경을 해석하는데 있어서 풍유적 해석의 필요성을 강조했습니다. 이러한 필로의 신학적 사상이 후에 오리겐(Origen)과 알렉산드리아 학파에게 많은 영향을 미칩니다.[51]

몇몇 신학자들은 교부시대 때, 오리겐을 오늘날과 유사한 성경주석자의 모습으로 이해합니다. 다시 말해, 성경주석을 쓴 주석자의 시조로서 오리겐을 손꼽습니다. 그러나 오리겐의 주석 작업은 오늘날과 다소 다른 주석 작업 형태를 지닙니다. 바로 아람어나 히브리어로 기록된 성경을 그리스어로 옮기는 번역작업을 주로 했기 때문입니다.[52] 거기에 오리겐과 알렉산드리아 학파는 성경해석에 있어서 풍유적 해석을 가장 중요하게 여기는 신학적 오류를 범합니다.

이런 풍유적 해석에 반대하여 안디옥 학파는 문법적이며 역사적인 해석방법을 통해서 성경을 더욱 잘 이해하려고 노력했습니다. 왜냐하면 당시 유행하던 풍유적 해석은 교부시대의 가장 중요한 해석방법 중 하나로 여겨졌으나 이러한 해석방법은 성경본문의 원 의미를 왜곡시키는 역할도 했기 때문입니다.[53] 그러므로 르네상스 시대에는 에라스무스(Erasmus)를 중심으로 교부시대 때에 이루어진 수많은 성경주석의 내용들을 비판하기 시작합니다.

다시 말해, '이성'이라는 잣대를 가지고 교부시대 때, 행하여졌던 풍유적 해석과 주석 작업들에 대하여 비평합니다.[54] 그러나 이런 가운데, 개신교의 시조로서, 루터, 멜랑히톤, 칼빈, 그리고 츠빙글리 등은 더욱 활동적으로 성경주석 집필활동을 함으로써, 좋은 성경주석의 모범적인 모습을 제시합니다.[55]

19세기에 들어오면서, 기독교는 낭만주의, 헤겔(Hegel)의 사상, 특히 로크(John Locke)와 칸트(Kant)의 사상을 통해 엄청난 변동을 겪습니다.

특히 계몽주의의 영향으로 인하여 합리적이며 이성적인 잣대를 통해서 성경을 이해합니다.[56] 그리고 20세기에 들어오면서 과학과 수학적 잣대를 통한 실존주의와 마르크스주의가 성경해석에 엄청난 영향을 미칩니다.[57] 또한 2차 세계대전 후, 성경해석은 구조주의, 독자반응비평으로부터 많은 영향을 받을 뿐 아니라, 오늘날 포스트모더니즘 시대에는 델리다(Derrida)의 해체주의가 성경해석에 막대한 영향을 끼칩니다. 이렇듯 각 시대 사조마다 성경주석 작업에 막대한 영향력을 행사합니다.

결국 성경주석이란 각 시대마다 유행하는 신학적, 사회적, 문화적 배경 등이 포함되어 있는 시대적 산물의 하나로 받아드려야 합니다.[58] 그러므로 성경주석이란 성경을 연구하기 위해서, 또는 설교를 준비하는 과정에 있어서 반드시 참고해야 할 자료임은 분명하지만, 설교자에게 성경주석을 선택하거나 활용하는데 있어서 각별한 신학적 주의가 요구될 수밖에 없습니다. 그러므로 롱은 성경주석 선택 사항에 대하여 다음과 같은 조언을 아끼지 않습니다.

> 분명한 것은 우리가 테이블에 모을 수 있는 권위 있는 주석의 수가 많으면 많을수록 토론은 더욱 풍성하고 흥미로워 진다는 것이다. 최근의 주석들은 비평적 본문 해석에 관한 최신 용어들을 소개해 준다. 그러나 비평적 주석 이전의 옛날 주석들도 무시해서는 안된다. 이들은 현대 비평주의의 굴절 렌즈가 놓친 이슈들을 다루고 있기 때문이다. 어떤 현대 주석은 본문이 교회 역사에 따라 어떻게 해석되어 왔는지에 대한 변천사를 보여준다. 때때로 고대의 해석자들은, 정확히 말해 이 시대의 사람이 아니기 때문에, 현대인의 눈에는 감춰진 보화를 발견하는데 도움을 준다.[59]

③ 누가 성경주석을 사용합니까?

성경주석은 특정한 사람만 사용하는 책이 아닙니다. 다시 말해, 성경을 깊이 있게 연구하고 싶은 신학자들, 설교를 준비하는 설교자들, 혹은 매일 새벽마다 성경본문을 묵상하는 일반 성도들까지 성경주석을 사용할 수 있습니다. 왜냐하면 주석자들은 성경주석을 간단하게 성경 본문의 내용을 파악할 수 있는 책으로부터, 설교 준비를 돕기 위한 책과 신학자들이 다루고 참고할 수 있는 책까지 다양하게 집필하기 때문입니다.[60] 그러므로 성경주석은 누구나 성경연구를 위해서 참고할 수 있습니다.[61] 그러나 일반적으로 성경주석은 설교를 준비해야 하는 설교자들과 성경연구를 위한 신학자들이 주로 사용하는 것으로 이해해야 합니다.

④ 언제, 어떻게 성경주석을 참고해야 할까요?

크레독(Fred B. Craddock)은 설교자가 어떻게 성경주석을 활용해야 할지 이야기해 줍니다.

> 월요일의 책은 성경본문 그 자체이다. 그 어떤 성경주석서나 기타 책들을 참고하지 않는다. 화요일의 책들은 lexicon들, 성경사전들, 신,구약 어휘연구를 위한 책들이다. 수요일의 책들은 성경주석서들이다. 목요일에는 지금까지 성경본문을 연구하기 위해 살핀 성경주석서의 내용들을 다시 성경본문으로 옮기는 작업을 한다. 그리고 설교문의 내용의 핵심을 뽑아내기 위해 기독교의 핵심주제를 고민한다. 금요일은 청중들의 상황을 파악한다. 성경본문만 파악하는 것에서 그치는 것이 아니라, 현실의 삶을 살고 있는 청중들의 상황을 이해하려고 노력한다. 토요일에는 설교문을 작성한다.[62]

왜 크레독은 성경주석의 활용을 수요일과 목요일로 제한했을까요? 크레독은 성경주석 사용에 있어서 범하기 쉬운 설교학적 문제점을 피하고 싶었기 때문입니다. 즉, 성경본문을 묵상하기 전, 설교자가 그 성경본문을 설명하는 여러 종류의 성경주석들을 참고한다면 성령 하나님, 설교자, 그리고 성경본문 사이의 거룩한 소통을 막는 일들이 발생합니다. 크레독은 이런 성경주석의 적절치 못한 사용을 가리켜 "신비스러운 곳(성경) 안에서 하나님과 행복한 춤을 추는 것을 스스로 포기하는 행위"라 비유적으로 설명합니다.[63]

지금 크레독의 설명에 대하여 설교자가 설교 작성을 위한 일련의 순서들로 받아드린다면, 설교자는 충실한 설교준비를 위해서 먼저 성경본문을 읽고 묵상한 다음, 성경주석들을 참고함으로 보다 더 깊이 있게 이해할 수 있습니다.[64]

⑤ 어디에서 성경주석을 사용해야 할까요?

설교자는 가능한 다양한 성경주석들을 통해서 성경본문을 정확하게 이해해야 합니다. 그러나 설교자가 많은 성경주석을 참고하되 한 가지 문제점을 간과합니다. 바로 책이란 공간과 부피를 차지하는 물건이라 점입니다. 그러므로 설교자는 둘 중 한 곳에서 설교를 준비할 수밖에 없습니다.

첫째, 자신의 서재에서 몇 가지 성경주석들을 살핌으로 설교를 준비할 수 있습니다. 그러나 한 가지 약점이 있습니다. 바로 설교자에게 성경본문을 정확하게 해석하기 위해 활용할 수 있는 성경주석의 양이 제한될 수 있습니다. 그러므로 악트마이어(Elizabeth Achtemeier)는 "설교자가 설교를 충실하게 준비하기 위해서 자신의 재정 능력이 허락하는 한, 자신의 서재를 끊임없이 좋은 신학 서적들로 (신앙서적뿐 아니라, 성경주석서들까지) 가득 채워야 한다"[65]고 말합니다. 그러나 설교자의 재정적인 문제와 직결될 수 있습니다.

둘째, 설교자는 신학교 도서관에서 설교를 준비할 수 있습니다. 이것은 다양한 성경주석들을 참고할 수 있다는 장점이 있습니다. 그러나 이동 시간의 문제, 그리고 자신의 서재와 달리 주변인들의 소음으로 인한 집중력 결여 등이 발생할 수 있습니다. 그 뿐 아니라, 각 설교자가 지닌 능력에 따라 성경주석을 활용할 수 있는 종류가 제한됩니다.[66] 앞선 내용들을 감안한다면 설교자는 신학교 도서관에서 설교할 성경본문의 충실히 해석하는데 필요한 여러 성경주석들을 부분적으로 복사, 또는 요약하여 자신의 서재에서 설교를 준비하는 건 어떨까요?

셋째, 설교자가 컴퓨터 프로그램으로 만들어진 성경주석들을 활용하면 어떨까 제안합니다. 요즘 대부분의 젊은 설교자들은 주로 컴퓨터 앞에서 설교를 작성합니다. 즉, 컴퓨터는 이젠 설교 작성에 있어서 필수

품이 되었습니다.

그러므로 많은 공간과 부피를 차지하던 성경주석들이 자연스럽게 설교자의 편의를 위하여 프로그램으로 제작되어 판매됩니다. 이런 프로그램들은 설교자가 상상할 수 없을 정도로 수많은 성경주석들을 포함하고 있으며 서로 다른 성경주석서들의 내용들까지 비교할 수 있도록 제작되었습니다.

⑥ 왜 성경주석을 참고해야 할까요?

베스트(Ernest Best)는 성경주석 활용의 중요성을 설명합니다.

> 성경주석을 읽는 것은 상당히 지겨운 일이다. 하지만 설교자들이 다음 주 설교를 준비할 때, 신학자들이 성경본문 해석을 통해서 좋은 영감을 얻을 때, 성경주석은 대단한 유익이 있다. 즉, 성경주석이란 사람들에게 성경을 진지하게 연구할 수 있는 기초인 자료들을 제공한다. 왜냐하면 성경주석은 설교자나 신학자들에게 성경본문 안에서 질문들 뿐 아니라, 답까지 어느 정도 제공하고 있기 때문이다.[67]

설교자는 모든 신학 분야를 신학자처럼 알 수 없습니다. 설교자는 성경의 지리적 배경, 히브리어와 헬라어의 언어적 특징 등 도움을 얻고자 성경주석을 활용할 수밖에 없습니다. 그리고 자신의 성경 묵상에 따른 성경해석의 이해와 성경주석의 내용을 상호 비교함으로 자신의 신학적 안목과 성경 본문의 해석 내용의 타당성 유무를 검증해야 합니다. 그러므로 설교자에게 성경주석은 반드시 필요하며 설교자가 성경주석을 활용하지 않는다면 하나님께서 설교자에게 성경 해석을 위해 주신 귀한 도구를 무용지물로 만드는 죄를 초래하는 겁니다.

⑦ 성경주석을 어떻게 선택해야 할까요?

다음의 순서를 따라 성경주석을 선택하면 어떨까요? 첫째, The survey of Biblical commentaries들을 참고하는 것입니다. 로빈슨(Haddon W. Robinson)은 『강해 설교』(Biblical preaching)에서 성경주석의 선택방법에 대하여 간략히 언급하고 있는데 설교자로 하여금 성경주석의 선택에 대한 좋은 통찰력을 제공합니다.[68] 그의 통찰력에 의하면 설교자는 반드시 The survey of Biblical commentaries를 참고해야 합니다. The survey of Biblical commentaries란 무엇일까요?

The survey of Biblical commentaries란 설교자에게 여러 다양한 성경주석들의 특징과 장, 단점 등을 소개함으로써 보다 쉽게 자신의 목적에 알맞은 성경주석을 선택할 수 있도록 돕는 자료집을 말합니다. 왜냐하면 한 해 동안 적어도 천 권 이상의 다양한 성경주석들이 쏟아져 나오기 때문입니다. 그러므로 설교자에게 이런 다양한 성경주석들에 관한 상세한 설명이 필요합니다.[69] 그러므로 좋은 성경주석을 선택하기 위하여 The survey of Biblical commentaries는 필수적으로 참고해야 합니다.

그러나 한국 신학자들이 출판한 The survey of Biblical commentaries는 찾아볼 수 없는 것이 현실이기에 그들이 먼저 앞장서서 좋은 The survey of Biblical commentaries를 집필한다면 한국 설교자들에게 더 많은 유익을 줄 것입니다. 우선 저는 네 가지 The survey of Biblical commentaries를 추천하고자 한다. 첫째로 비록 오래된 책이지만 차일드(Brevard S. Childs)가 집필한 Old Testament books for pastor & Teacher를 추천합니다.[70]

이 책은 로빈슨 역시 구약성경을 연구하기 위해 필요한 책으로 소개한 바 있습니다.[71] 그러나 만일 더 최근에 발행된 구약성경을 위한 The survey of Biblical commentaries가 있다면 참고하길 바랍니다. 둘째로,

신약성경을 위한 *The survey of Biblical commentaries*으로 카슨(D. A. Carson)의 *New Testament Commentary Survey*을 추천한다.[72]

셋째는 스튜어트(Douglas K. Stuart)가 쓴 *A Guide to selecting and using bible commentaries*입니다. 이 책은 설교자들을 위해서 성경주석의 선택과 활용방법에 대하여 간략하게 언급하고 있을 뿐 아니라, 성경의 각 권마다 충실하게 성경주석들을 소개하는 장점이 있습니다. 마지막으로 신. 구약성경 전체를 위한 *The survey of Biblical commentaries*들이 있습니다. 바로, *Commentary & Reference Survey: A comprehensive guide to biblical and theological resources* 입니다.[73]

만일, 제가 The survey of Biblical commentaries를 설교자에게 소개한다면, 이 책을 먼저 구입하라 권하고 싶습니다. 왜냐하면 이 책은 다른 책들과 달리 독특한 구성을 가지고 있기 때문입니다. 집필자는 나름대로의 신학적 노선을 가지고 다양한 성경주석들을 성경주석들을 '복음주의적인 것, 복음주의적이면서 비평적인 것, 보수주의적, 자유주의적이면서 비평적인 것' 이렇게 4가지 형태로 구분해 놓았습니다. 그리고 집필자는 무디 신학교와 달라스 신학교에서 공부한 신학자입니다. 그러므로 아마도 세대주의적 신학의 성향이 강한 신학자일지 모릅니다.

이러한 그의 신학적 배경을 인식한 후, 이 책을 참고한다면 설교자들은 많은 유익이 얻을 수 있습니다. 그뿐만 아니라, 이 책은 성경주석들에 관한 특징뿐 아니라, 가격까지 친절하게 가르쳐 주어 설교자로 하여금 재정을 고려하면서 하나씩 구입할 수 있습니다. 기존의 *The survey of Biblical commentaries*들은 성경 신학을 중심으로 성경주석들만 소개합니다.

그러나 이 책은 조직신학과 교회사에 관한 책들까지 소개하고 있을 뿐 아니라, 컴퓨터로 사용할 수 있는 소프트 프로그램과 설교자들에게 유익한 인터넷 사이트까지 상세히 소개합니다. 그러므로 설교자가 이렇게 방대한 자료를 소개하고 있는 *Commentary & Reference Survey: A comprehensive guide to biblical and theological resources*를 소장하고 있다면, 설교준비와 성경연구에 커다란 유익을 얻을 수 있을 겁니다. 그러나 *The survey of Biblical commentaries* 안의 내용들은 각 집필자들이 자신의 신학노선을 따라 성경주석들을 특징을 파악하고 평가한 것에 불과하다는 걸 명심해야 합니다.

둘째, *The survey of Biblical commentaries*를 통해서 설교자는 먼저 자신이 구입하고자 하는 성경주석의 특징을 살펴본 후, 인터넷 검색을 통해서 그 성경주석 저자의 신학적 사상들을 다시 살피는 것이 중요합니다.

요즘은 정보화의 시대를 넘어 정보 홍수의 시대에 살고 있으므로 간단하게 인터넷 검색을 통해서 여러 가지 유익한 정보를 얻을 수 있습니다. 인터넷 검색을 통해서 성경주석들의 저자들이 가진 신학적 사상을 검증해 보는 것 역시 빼놓을 수 없는 순서일 것입니다.

*The survey of commentaries*를 통한 다양한 성경주석의 특징을 확인, 인터넷 검색을 통하여 각 성경주석 저자들의 신학적 사상들을 파악함으로써 설교자는 어떤 성경주석들을 선택할 것인지 대략적인 윤곽을 잡을 수 있습니다.

셋째, 그러나 성경주석의 선택은 그 어떤 누구도 아닌, 설교자 자신이 직접 눈으로 확인하고 선택해야 합니다. 왜냐하면 모든 성경주석들의 저자들 역시 자신의 신학적 편견이나 관점에서 벗어나지 못하기 때문입니다.[74]

즉, 참고는 하되 완전히 신뢰하지 말라는 것입니다. 자신의 눈으로 직접 성경주석 안의 내용을 잠깐 읽어봄으로써 성경주석 안에 있는 내용이 개혁 신학과 위배되는 것은 아닌지 파악해야 합니다.

그러나 이런 과정에서 가장 필요한 건, 설교자 스스로 성경본문을 해석하기 위한 신학적 틀을 확고하게 가지고 있어야만 다양한 성경주석 안에 있는 내용 가운데 옳고, 틀림을 판단할 수 있습니다. 이것은 성경을 바라보는 설교자의 성경관을 의미하기도 합니다. 다양한 성경주석들은 설교자에게 성경해석을 돕는 값진 선물이긴 하나 설교자의 신학적 틀이 분명히 있을 때 성경적인 내용들을 이해할 수 있게 되며 비판까지 가능한 능력을 소유하게 됩니다.

이제부터 설교자는 설교 작성을 어떻게 해야 하는지 이해할 차례입니다. 다음 선보이는 설교 설계도는 설교 작성의 기본을 중심으로 정리했습니다.

(5) 설교 설계도: 설교 형태의 구축하기 위해 어떻게 해야 할까요?

건축자는 건물을 세우기 위하여 자신의 감각과 상상만을 의존하지 않습니다. 반드시 건축자는 건물을 위한 설계도를 치밀하고 구체적으로 제도한 후, 그 설계도를 기반으로 건물을 짓습니다. 설교도 마찬가지입니다. 설교는 수필이 아닙니다. 물론 설교자의 자연스러운 표현력이 설교 내용에 포함되어 청중을 설득시키는데 일조할 수 있습니다. 그러나 설교자는 건축자가 건물을 만들기 위해 설계도를 작성하는 것처럼 '설교 설계도'를 작성해야 합니다.

또한 건축자는 설계도 안에 실용적인 요소, 미적 요소 등, 자신의 설계적 전술과 전략을 고스란히 담아 도안합니다. 설교도 마찬가지입니다. 설교자는 '설교 설계도'를 작성 시 자신의 설교적 전술과 전략을 고스란히 반영시킬 때, 청중은 설교자의 의도에 따라 설교 내용에 심취하여 설교 내용 안에 머물며 하나님을 경험할 수 있습니다.

쉽게 말해, 설교자는 앞선 설교 작성을 위한 일련의 과정들 – 설교를 위한 성경 범위를 한정, 성경 본문의 내용을 이해하기 위하여 자신의 언어로 바꾸기, 성경 본문을 향해 질문 던지기, 성경주석 활용 -을 거친 후, 하나님으로부터 설교의 좋은 메시지를 얻었다 할지라도 설교 구조를 갖지 못한다면 그 어떤 좋은 메시지라 할지라도 그 가치는 떨어질 수밖에 없습니다.[75]

설교자는 설교적 설계도를 참고하며 설교 작성에 임할 때 비로소 설교 내용의 통일성, 균형감, 그리고 분량을 일치시킬 수 있습니다. 콜더(Charles W. Koller)는 설교 설계도의 이점을 "좋은 [설교] 구조는 설교자에게 시간 감각 및, 전개와 균형 감각을 제공해 주므로 설교자에게 유익할 뿐 아니라, 회중에게도 유익하다. 회중들이 알아듣기 쉬운 설교가 되기 위해서는 논지의 전개 과정이 회중에게 명확하게 전달되어야 한다"[76] 라고 강조합니다.

물론 설교 형태의 탁월함이 성령의 부재를 대신할 수 없습니다. 설교 기술이 아무리 뛰어날지라도 성령께서 인도하시거나 능력을 행하시지 않는다면 설교의 구조적 건실함도 허상에 불과합니다. 그러나 설교자는 최선을 다하여 설교를 작성해야만 하는 거룩한 사명을 하나님으로부터 받았습니다. 가슴의 열정만 가지고는 설교할 수 없습니다. 그러므로 설교자는 반드시 하나님의 말씀으로부터 찾은 귀한 메시지를 담을 수 있는 설교 형태를 고려해야 합니다. 설교자는 여러 가지 방법으로 설교를 구성할 수 있으나 크게 두 가지를 취합니다.

첫째는 설교 본문의 흐름을 고려하지 않은 채, 설교자가 설교 구조를 새롭게 창조하는 방식입니다. 그러나 이 방식은 자칫하면 성경 본문의 내용을 왜곡시킬 수 있는 문제점을 갖습니다.

둘째는 성경 본문의 형태를 충분히 유지하면서 그 안에 있는 내용들을 전달하는 방식입니다. 즉, 성경 본문의 논리적인 흐름에 따라 설교의 내용을 전개하는 겁니다. 또한 이 방식은 성경 본문의 논리적인 흐름을 따르나 그 내용의 요지를 파괴하지 않는 범위 안에서 흐름의 전개를 달리 할 수 있습니다.

강해설교를 위한 좋은 설교 구조는 전자보다는 후자입니다. 왜냐하면 강해 설교란 성경 본문이 말하고자 하는 내용을 담아내야 하기 때문입니다. 후자의 방법을 활용하여 어떻게 효과적으로 강해설교를 작성할 수 있을까요? 설교 설계도를 작성하는 것이 무엇보다 중요합니다. 그리고 설교 형태를 구축하기 위해서는 설교 본문의 단락 짓기와 흐름 연결하기가 중요합니다.

① 성경 본문의 내용을 단락으로 구성하라

설교를 위하여 한정한 성경 본문에는 내용의 흐름이 존재합니다. 즉, 기-승-전-결 형태의 내용상 흐름, 선과 악이 대립하는 대조적 흐름 가운데 선이 승리하는 내용의 흐름 등, 성경 안의 이야기 전개 구조는 매우 다양합니다. 설교자는 성경 본문의 내용을 파악한 뒤, 그 내용 전개의 변화에 민감하게 반응할 수 있어야 합니다. 그리고 성경 본문의 내용을 이루는 각 전개의 변화를 단락을 지어 구분해야 합니다. 예를 들어, 설교자가 행 16: 6~15절을 설교 본문으로 삼아 설교 준비를 할 때 그 내용을 아래와 같이 다양하게 두-네 단락들로 구성할 수 있습니다.

(행 16:6~15절)

⁶ 성령이 아시아에서 말씀을 전하지 못하게 하시거늘 그들이 브루기아와 갈라디아 땅으로 다녀가 ⁷ 무시아 앞에 이르러 비두니아로 가고자 애쓰되 예수의 영이 허락하지 아니하시는지라 ⁸ 무시아를 지나 드로아로 내려갔는데 ⁹ 밤에 환상이 바울에게 보이니 마게도냐 사람 하나가 서서 그에게 청하여 이르되 마게도냐로 건너와서 우리를 도우라 하거늘 ¹⁰ 바울이 그 환상을 보았을 때 우리가 곧 마게도냐로 떠나기를 힘쓰니 이는 하나님이 저 사람들에게 복음을 전하라고 우리를 부르신 줄로 인정함이러라
¹¹ 우리가 드로아에서 배로 떠나 사모드라게로 직행하여 이튿날 네압볼리로 가고 ¹² 거기서 빌립보에 이르니 이는 마게도냐 지방의 첫 성이요 또 로마의 식민지라 이 성에서 수일을 유하다가 ¹³ 안식일에 우리가 기도할 곳이 있을까 하여 문 밖 강가에 나가 거기 앉

아서 모인 여자들에게 말하는데 ¹⁴ 두아디라 시에 있는 자색 옷감 장사로서 하나님을 섬기는 루디아라 하는 한 여자가 말을 듣고 있을 때 주께서 그 마음을 열어 바울의 말을 따르게 하신지라 ¹⁵ 그와 그 집이 다 세례를 받고 우리에게 청하여 이르되 만일 나를 주 믿는 자로 알거든 내 집에 들어와 유하라 하고 강권하여 머물게 하니라

두 단락으로 나누기	세 단락으로 나누기	네 단락으로 나누기
A. 6~10절: 하나님께서 바울의 아시아 전도를 막은 후 환상을 보여주심 B. 11~15절: 하나님의 계획을 이해하고 따르는 바울, 그 결과 빌립보 교회가 세워짐	A. 6~7절: 바울의 아시아 전도가 막힘(못하게 하심, 허락지 않음) B. 8~10: 바울이 환상을 봄 C. 11~15 바울의 유럽 전도가 열려(직행) 빌립보에 유럽의 첫 교회를 세움	A. 6~7절: 바울의 아시아 전도가 막힘(못하게 하심, 허락지 않음) B. 8~10: 바울이 환상을 봄 C. 11: 바울의 유럽 전도가 열림(직행) D. 12~15: 빌립보에 유럽의 첫 교회를 세움

설교자마다 성경 본문의 흐름을 파악한 뒤, 몇 단락으로 나눌 것인지 각자의 몫입니다. 여러 설교자들에게 똑같은 성경 본문이 주어진다 할지라도 달라질 것입니다. 그러나 설교자는 성경 본문을 필히 2~4단락까지만 나누는 것이 좋습니다.

다시 말해, 설교자는 설교 작성을 위하여 성경 본문의 단락을 구분할 때, 2-4 단락으로 제한하는 것이 좋습니다. 왜냐하면 요즘 성도들의 마음속에 주일 설교 분량은 25~60분 내외로 인식되어 있기 때문입니다.

조금 구체적으로 설명한다면, 앞선 행 16:6~15절의 단락 구분을 통하여 설명하겠습니다. 만일 설교자가 행 16:6~15절을 두 단락으로 나눈

후, 30분 분량의 설교를 작성하고자 합시다. 그러면 설교자는 설교 설계도를 작성할 때, A와 B 단락을 몇 분으로 설정하고 설교의 내용을 채울지 고민할 것입니다.

그뿐 아니라, A와 B의 앞, 뒤에 도입과 결론이 포함된다면, A 단락과 B 단락의 주어진 분량은 더 적어질 수밖에 없습니다. 그러므로 설교자가 성경 본문을 2단락에서 4단락으로 나눈 후, 설교단에서 설교를 위해 주어진 시간에 따라, 그리고 설교의 시작을 알리는 도입의 유무에 따라, 설교의 마무리는 어떤 식으로 끝낼 것인지에 따라 각 단락의 내용의 분량은 달라집니다.

이러한 여러 제반 여건을 고려하여 설교자는 설교를 위한 성경 본문을 2~4단락으로 나눈 후, 설교 작성하는 것이 설교 시간을 지킬 수 있는 설교적 미덕이 됩니다.

강해 설교 작성을 조금 구체적으로 설명하기 위하여 저는 시 137편(바벨론의 포로생활에 대한 이스라엘 백성의 노래)을 중심으로 설교 본문을 다음과 같이 4 단락으로 나눈 후, 계속 설명을 이어나가겠습니다.

A. 1절: [1] 우리가 바벨론의 여러 강변 거기에 앉아서 시온을 기억하며 울었도다

B. 2~3절: [2] 그 중의 버드나무에 우리가 우리의 수금을 걸었나니 [3] 이는 우리를 사로잡은 자가 거기서 우리에게 노래를 청하며 우리를 황폐하게 한 자가 기쁨을 청하고 자기들을 위하여 시온의 노래 중 하나를 노래하라 함이로다

C. 4~6절: [4] 우리가 이방 땅에서 어찌 여호와의 노래를 부를까 [5] 예루살렘아 내가 너를 잊을진대 내 오른손이 그의 재주를 잊을지로다 [6] 내가 예루살렘을 기억하지 아니하거나 내가 가장 즐거워하는 것보다 더 즐거

워하지 아니할진대 내 혀가 내 입천장에 붙을지로다

D. 7~9절: [7] 여호와여 예루살렘이 멸망하던 날을 기억하시고 에돔 자손을 치소서 그들의 말이 헐어 버리라 헐어 버리라 그 기초까지 헐어 버리라 하였나이다 [8] 멸망할 딸 바벨론아 네가 우리에게 행한 대로 네게 갚는 자가 복이 있으리로다 [9] 네 어린 것들을 바위에 메어치는 자는 복이 있으리로다

② 성경 본문의 각 단락들을 배치하라

설교자가 만일 시 137편을 4단락(A~D)까지 나누고 설교 설계도를 작성할 때, 자신의 전략과 전술을 설교에 고스란히 반영시킬 수 있습니다. 어떻게 하는 걸까요? 설교자는 성경 본문의 내용이 파괴되지 않는 한, A에서 D까지의 단락들을 재배치할 수 있습니다. 그리고 설교자의 의도에 따라 청중을 충분히 성경 본문의 내용 안에 머물게 할 수 있습니다. 그러기 위해서는 설교자는 우선 각 단락에 어울리는 제목을 다음처럼 붙여야 합니다.

A. 1절: 시온의 예배의 때를 기억하며 우는 자 – 예배를 빼앗긴 백성들
B. 2~3절: 예배를 빼앗긴 자의 통곡(은혜를 빼앗긴 자)
C. 4~6절: 바벨론 강변에서의 결심(은혜의 회복을 결단하는 자)
D. 7~9절: 예배 회복의 열망과 다시 찾을 승리

그리고 설교자는 각 단락을 어떻게 재배치하여 설교 구성의 설계도를 만들 것인가 결정해야 합니다. 시 137편을 4단락으로 나누면 '경우의 수'에 따라 24개(4X3X2X1)의 성경 본문 단락으로 배치가 가능합니다.

설교 구성의 설계도를 위한 각 단락 재배치의 경우의 수					
1) A-B-C-D	5) A-D-B-C	9) B-C-A-D	13) C-A-B-D	17) C-D-A-B	21) D-B-A-C
2) A-B-D-C	6) A-D-C-B	10) B-C-D-A	14) C-A-D-B	18) C-D-B-A	22) D-B-C-A
3) A-C-D-B	7) B-A-C-D	11) B-D-A-C	15) C-B-A-D	19) D-A-B-C	23) D-C-A-B
4) A-C-B-D	8) B-A-D-C	12) B-D-C-A	16) C-B-D-A	20) D-A-C-B	24) D-C-B-A

언급된 24개의 단락 구성은 모두 설교 구성을 위한 설계도로 가능합니다. 그러나 실제 설교자는 어떤 단락의 배치를 선택하여 설교를 작성하고자 할 때 부담스러운 단락의 배치가 있을 수 있습니다. 그리고 설교자의 의도대로 손쉽게 설교 구성을 할 수 있겠다는 자신감이 생기는 단락의 배치도 있습니다.

그러므로 설교자는 다양한 단락의 배치들 가운데 어떤 것을 채택했을 때 자신의 설교학적 전술과 전략을 극대화시킬 수 있을지 고민하고 결정해야 합니다.

또한 설교 구성을 위한 단락의 배치가 다양하다는 것은 설교자에게 비록 한 부분의 성경본문을 설교할지라도 단락의 배치 여부에 따라 성도에게 조금 색다르게 다가갈 수 있다는 걸 의미합니다.

다시 말해, 설교자는 목회생활을 하는 동안 똑같은 성경본문을 설교해야 할 때가 적지 않게 있습니다. 그럴 때 설교자는 설교 구성을 위한 단락의 재배치를 활용하여 예전 똑같은 성경본문을 통해 설교를 접했던 성도에게 조금이나마 설교 내용을 신선하게 전달할 수 있습니다.

설교작성 방법을 돕는 이야기를 계속 진행하고 있기에 설교자가 'A-B-C-D'의 단락 배치를 설교의 설계도로 삼고자 한다는 것을 가정하겠습니다. 그러면 간략히 다음과 같이 될 수 있습니다.

A. 1절: 시온의 예배의 때를 기억하며 우는 자 – 예배를 빼앗긴 백성들에 관한 설명
A–B의 연결: 왜 이들은 이렇게 슬퍼할 수밖에 없을까요?
B. 2~3절: 예배를 빼앗긴 자의 통곡(은혜를 빼앗긴 자) – 바벨론에서의 참혹과 조롱당함
B–C의 연결: 그들은 이런 상황 가운데 어떠한 자세를 취할까요?
C. 4~6절: 바벨론 강변에서의 결심(은혜의 회복을 결단하는 자)
C–D의 연결: 결심한 이스라엘 백성은 어떤 신앙적 기대감을 가질까요?
D. 7~9절: 예배 회복의 열망과 다시 찾을 승리

만일, 설교자가 'B-C-A-D'의 단락 배치를 설교의 설계도로 사용한다면

B. 2~3절: 예배를 빼앗긴 자의 통곡(은혜를 빼앗긴 자) – 현재 바벨론에서 참혹과 조롱당함
B–C의 연결: 이런 고통 가운데 이스라엘 백성은 어떤 결정을 내렸을까요?
C. 4~6절: 바벨론 강변에서의 결심(은혜의 회복을 결단하는 자)
C–A의 연결: 그들이 이런 결심을 한 이유가 무엇일까요?
A. 1절: 시온의 예배의 때를 기억함: 그 옛날 하나님께 영화로운 예배를 드리며 복되게 살아갔음
A–D의 연결: 이런 결심으로 인하여 앞으로 그들의 삶 가운데 어떤 일들이 일어나길 기대할까요?
D. 7~9절: 다시 찾을 예배 회복의 열망과 승리의 함성

24개의 단락 구성들 중, 설교자는 원하는 단락 구성을 취함으로 설교의 전개 흐름을 달리 할 수 있습니다. 다시 말해, 하나의 동일한 본문을 어떻게 설교자가 단락을 구성하고 배치하느냐에 따라 청중이 들을 때 24편의 신선한 설교 내용으로 들을 수 있습니다. 물론 이상적인 판단일 수 있습니다.

그리고 단락에서 단락으로 넘어갈 때, 연결 문장을 기록하는 것이 필요합니다. 왜냐하면 설교가 비록 단락의 배치를 통해 작성되고 있다 할지라도 성경 본문의 흐름이 갖는 생명력을 잃어버릴 수 있기 때문입니다. 설교 내용의 자연스러운 움직임 가운데 하나님의 말씀을 드러낸다면 성도에게 더욱 선명하게 전달됩니다.[77]

그러므로 설교의 중요 포인트 중 하나는 연결 문장을 통해 설교의 흐름을 어떻게 전개할 것인가? 그리고 설교 시에 설교자가 어떻게 설교할 때 단락과 단락을 연결하는 연결 문장을 잊지 않고 자연스럽게 전달할 수 있는가? 일 것입니다.

ⓒ 각 단락의 재배치에 따른 설교 개요 만들기: 움직임(Movement)을 고려한 설교의 설계도와 설계도의 내용을 구체적으로 채워 나가기

설교자는 시 137편을 설교하기 위하여 'A-B-C-D' 단락의 흐름으로 설교 설계도를 작성하려고 합니다. 설교자가 설계도를 구체적으로 작성하기 위해서 몇 가지 사항들을 지켜야 합니다.

첫째, 설교자는 각 단락의 제목에 어울릴만한 각 단락의 내용 분량, 다시 말해 각 단락에서 말하고자 하는 바의 내용에 알맞은 시간(분량)을 설정해야 합니다. 다시 말해, 설교자는 각 단락을 몇 분 동안 설교할 것인지 구체적으로 시간을 적어놔야 합니다. 그러므로 각 단락을 몇 분 동안 전달할 것인지, 설교문에 기입하는 습관이 필요합니다.

둘째, 설교자는 각 단락에서 전하고자 하는 설교 내용을 간략히 요약해야 합니다. 설교를 작성하다보면 설교 내용에 사족이 너무 많이 생깁니다.

실제 설교자에게 설교 내용을 첨가하는 것보다 설교 내용 가운데 불필요한 내용을 정리하는 것이 더 어렵습니다. 그러므로 사전에 방지하기 위해서 설교자는 각 단락에 전하고 싶은 내용을 간략히 요약하면 효과적일 것입니다.

셋째, 단락에서 단락으로 넘어가고자 할 때, 다리 놓기를 위한 연결 문장을 준비해야 합니다. 다리 놓기를 위한 연결 문장이 얼마큼 잘 준비하느냐에 따라 설교 내용의 움직임이 자연스러울 수 있습니다.

설교자는 질문이나 요약, 그리고 다양한 방법을 통하여 단락과 단락을 연결하는 다리 놓기를 할 수 있습니다. 설교자는 한 가지 연결 문장만 기록하지 말고 다양한 연결 문장을 생각함으로 더욱 자연스러운 연결 문장을 찾는데 노력해야 합니다.

다음은 설교자가 시 137편을 'A-B-C-D' 단락의 흐름으로 설교 설계도를 작성할 때, 어떻게 각 단락의 분량과 그에 따른 구체적인 내용에 관하여 요약들, 그리고 연결 문장들을 소개합니다. 그리고 설교 설계도는 단지 설교자만 보고 이해하는 것이기에, 두서없이 다음과 같이 낙서나 요약하는 것처럼 작성됩니다.

A. 1절: 시온의 예배의 때를 기억하며 우는 자 - 예배를 빼앗긴 백성들 (5분)

* 내용 요약

- 주전 587년 예루살렘이 파괴된 후, 바벨론으로 잡혀간 자들의 형편을 묘사하고 있다.
- 잡혀간 도시 곳곳의 강가에 아마도 포로들이 거할 수 있는 포로수용소가 있었을 것이다.

– 강가에 모여 그 옛날 하나님을 섬기며 자유를 누리던 때를 기억하며 옛 기쁨을 떠올리고 있다.
– 참고) 이 시는 바벨론 포로에서 이스라엘로 돌아온 사람의 회고적 시인가? 아니면 현재 이 고통을 경험하고 있는 바벨론 포로로 잡힌 이스라엘 사람의 시인가? 이것을 어떻게 결정하느냐에 따라 성경해석과 설교 내용의 전개가 달라질 수 있다. 결정해야 한다.

＊ A–B를 연결하는 몇 가지 포인트(다리 놓기)
– 바벨론으로 잡혀간 이스라엘 사람들은 왜 이토록 목 놓아 울고 있는 것일까? 그 이유는 2~3절을 보면 알 수 있다.
– 이들이 이렇게 슬프게 강가에 앉아 인생을 한탄하는 이유를 2~3절에서 찾을 수 있다.
– 이들이 이렇게 슬퍼하며 우는 이유는 하나님께 예배드릴 때, 부르던 찬양이 이제는 하나님을 모르는 자들의 유흥을 위해 불러야 하기 때문이다. 2~3절을 보면 다음과 같이 시인은 아픔을 기록하고 있다.

B. 2~3절: 예배를 빼앗긴 자의 통곡 (은혜를 빼앗긴 자) (10분)

＊ 내용 요약
– 포로로 잡혀 하나님의 이름을 한 번 외치며 남의 눈치를 보지 않고 예배를 드리는 자유를 빼앗김
– 심지어 하나님을 찬양하기 위해 만들어진 수금과 찬양을 바벨론인들의 유흥을 위해 또는 술자리에서 흥을 위해 목청 높여 부를 것을 요구하고 있다.
– 수금을 버드나무에 걸었다: 더 이상 하나님을 향해 찬양을 하지 못하기에 버드나무에 걸어 버린 채, 방치한 것인가? 아니면 그래도 하나님을 위한 찬양을 술자리나 유흥 자리에서 부를 수 없기에 나름대로 결단을 한 것인가? 이것에 따라 단락이 또 달라질 수 있다.
– 찬양을 바벨론 사람들을 위해 불러라!! 어쩌면 이제는 이스라엘은 망했으니 하나님을 잊어버리고 바벨론 사람으로 같이 잘 살아보자는 의

도인가? 아니면 조롱인가?

* **B–C를 연결하는 몇 가지 포인트(다리 놓기)**
– 그들은 이런 상황 가운데 어떠한 자세를 취할까요?
– 더 이상 자신들을 모욕하는 바벨론을 향해 자신들이 할 수 있는 신앙적 결단을 내린다. 더 이상 기쁨조로 살지 않고, 하나님의 기쁨조를 살 것을 다짐한다.
– 그들의 재주를 이젠 더 이상 바벨론을 위해 쓰지 않고, 버리겠다. 또는 오직 하나님을 위해서만 사용할 것이다. 결단한다.

C. 4~6절: 바벨론 강변에서의 결심 (은혜의 회복을 결단하는 자) (15분)

* **내용 요약**
– 아주 강력한 결단을 행동으로 옮긴다. 하나님의 노래를 어떻게 이방을 위해 부를 수 있는가? 찬양의 목적: 우리의 재주가 하나님께만 사용되어야 한다. 오른손이 재주를 잊고, 혀가 입천장에 붙게 해 달라 – 오른손이 망가져 쓸 수 없게 되며, 혀가 입천장에 붙어 벙어리가 되기를 소망함
– 다시 하나님을 향한 예배가 회복되어, 찬양과 재주가 하나님을 높이는데 사용되기를 간절히 바람
– 왜 이들은 자신의 목숨을 걸면서까지 하나님께 올리는 예배를 지키려고 하는 것일까?
– 그들에게 예배란 무엇인가요? 예배의 성공이 곧 인생의 성공이라 믿고 있는 건 아닐까?
– 그들의 이런 예배의 결단은 남들이 보기에는 우스워 보이며, 최고의 결단이라 말할 수 있다. 그러나 그들에게 있어서 지금 온전한 예배의 회복은 자신들의 목숨을 걸고 해야 할 가장 중요한 일이었다. 왜냐하면 우리는 할 수 없는데, 하나님은 다시 참된 예배를 기뻐하시고, 이스라엘을 회복할 수 있는 능력을 가지고 계신 분이기 때문이다.

* **C-D를 연결하는 몇 가지 포인트(다리 놓기)**
- 그들이 결심을 한 후, 기대하는 바는 무엇일까?
- 그들의 결단이 다시 하나님을 향한 신뢰로 승화된 건 아닐까?
- 그들의 결심이 그들의 가슴 속에 어떤 것을 불러 넣었을까?

D. 7~9절: 예배 회복의 열망(이스라엘의 회복)과 다시 찾을 승리 (5분)

* **내용 요약**
- 고통가운데 있는 이스라엘 백성이라 생각할 때: 그들은 자신의 신앙의 결단이 하나님께서 회복의 기회로 삼을 것이라 믿고 있다. 그러면서 하나님께 간절히 자신의 결단을 무시하지 마시고 다음과 같은 일들이 일어나길 바라고 있다.
- 땅의 회복이다. - 시 136편은 하나님께서 땅을 허락하신 감사의 시지만 137편은 하나님께서 땅을 다른 이방 민족에게 주신 사건이다. 이 사건은 이스라엘의 망신뿐이 아니라, 하나님께서 스스로 망심을 당하면서까지 자신의 백성의 잘못을 가르치고자 하셨다. 이것을 깨달은 이스라엘 백성이 자신들이 겪었던 일들을 하나님께서 복수해 주시길 원하신다.
- 특별히 이스라엘이 바벨론에게 포로로 잡혀갈 때나, 괴롭힘을 당할 때, 도와주기는커녕, 더 괴로움을 줬던 에돔을 심판해 달라 하나님께 요청한다. '오바댜서'를 살펴보고 인용하자.

넷째, 설교자는 이제 설교 제목을 결정해야 합니다. 설교자가 설교 제목을 중요성을 간과한다면 설교단에서 실패를 맛볼 수 있습니다. 대부분 설교자들은 설교 제목의 가치를 잘 모르는 듯합니다. 그러나 청중에게 있어서 설교의 시작은 언제부터일까요?

대부분의 경우, 설교자가 설교를 위한 성경 본문을 읽거나, 설교가 시작되는 순간부터 설교는 시작하는 것으로 착각합니다. 이것은 심각한 착각입니다. 왜냐하면 설교의 시작은 청중이 교회 주보를 펼치는 순간부터 시작되기 때문입니다.

청중은 예배에 참석하기 위하여 예배당에 들어섭니다. 안내에 따라 교회 주보를 받고 자리에 앉습니다. 자리에 앉아 예배가 시작되기 전, 꼼꼼히 주보를 확인합니다. 그리고 청중은 오늘 설교를 위한 성경 본문과 설교 제목을 눈으로 접하는 순간부터 설교자의 설교를 들을 것인가 말 것인가 경청유무를 결정합니다. 그러므로 설교자는 설교 작성 못지않게 설교 제목에 온 힘을 쏟아야 합니다.

설교자는 일반적으로 설교 제목을 정하는 방법으로 단어, 평서문, 질문 등의 형태를 선택합니다. 그러나 더 다양한 설교 제목 정하기를 고민해야 합니다. 다음은 설교자가 시 137편을 설교할 때, 일반적으로 사용할 수 있는 설교 제목을 나열해 보았습니다.

- **단어**: 가장 소중한 것, 예배, 예배를 빼앗긴 자의 슬픔, 이상한 예배
- **평서문**: 예배는 소중합니다. 예배의 성공이 일생을 결정합니다.
- **질문**: 당신에게 가장 소중한 건 무엇인가요? 당신이 먼저 회복해야 할 것이 있다면?

그러나 설교자는 일반적으로 설교 제목을 작성할 때, 활용되는 단어, 평서문, 질문을 탈피하여 색다르게 설교 제목을 정할 필요가 있습니다. 예들 들어 저는 행 3:1~10절(베드로가 미문에 있던 앉은뱅이를 고친 사건)을 설교한 적이 있습니다.

저는 이 성경본문의 핵심 내용을 행 3:6절 "베드로가 이르되 은과 금은 내게 없거니와 내게 있는 이것을 네게 주노니 나사렛 예수 그리스도의 이름으로 일어나 걸으라 하고"라고 생각했습니다. 왜냐하면 요즘 시대를 사는 자들은 예수 그리스도 외에 은과 금만 있으면 만사형통이라 여기기 때문입니다. 그리고 성도라 할지라도 예수 그리스도보다는 은

과 금이 더 힘이 있다 생각할 수 있기 때문입니다. 그러므로 저는 설교 제목을 '은과 금'을 의지하지 말고 예수 그리스도만 의지하며 살아야 한다는 점에 착안하여 '거꾸로 살라'로 설교 제목을 붙였습니다. 그리고 교회 주보에 설교 제목을 뒤집어서 '라살 로꾸거'로 실었습니다.

어쩌면 설교자들이 이 설교 제목을 평가할 때 장난스럽거나 천박해 보인다 할 수 있습니다. 그러나 저는 이 설교 제목을 통하여 성도들에게 설교 내용뿐 아니라, 하찮게 여길 수 있는 설교 제목까지 고민하는 설교자라 칭찬받았습니다. 지금 성도는 당신이 설교자로서 설교 제목을 무엇으로 결정했는지에 따라 설교자로서의 열심을 엿볼지 모릅니다.

다섯째, 설교자는 설교의 도입을 신중히 결정해야 합니다. 설교에 있어서 설교 도입은 설교 제목과 더불어 설교 구성에 있어서 빠질 수 없습니다. 설교 도입은 다양하게 시작할 수 있다. 예들 들면, 설교자가 시 137편의 A 단락을 설명하면서 곧바로 설교를 시작할 수 있습니다.

그렇다면 설교 도입이 자연스럽게 'A 단락 – 1절: 시온의 예배의 때를 기억하며 우는 자 – 예배를 빼앗긴 백성들'을 도입의 역할로서 예배를 빼앗긴 자들의 슬픔에 대하여 설명할 것입니다.

또한 예화나 비유로 설교를 시작할 수 있습니다. 설교자가 자신의 실수로 잃어버린 소중한 물건에 대하여 설명한 후, 바로 예배의 소중함을 잃어버린 이스라엘 백성에 대하여 설명할 수 있을 겁니다.

그러나 설교 도입을 이야기나 예화 등으로 시작할 때, 반드시 설교를 구성하는 첫 단락과 연결 문장을 어떻게 사용하여 다리 놓기를 할 것인가 고민해야 합니다.

만일 연결 문장을 통한 다리 놓기에 실패하면 첫 도입의 예화나 이야기와 설교 내용을 구성하는 첫 단락이 괴리현상을 보일 수 있습니다. 그러므로 설교자는 다음 일련의 순서에 따라 이야기나 비유를 통한 설교 도입을 반드시 작성해야 합니다.

첫 단락과 어울리는 '이야기나 비유' → '이야기나 비유' 와 첫 단락을 다리 놓는 알맞은 연결문장 → 첫 단락에 대한 설명

그렇지 않으면 성도는 왜 설교자나 설교 시작을 이런 이야기나 비유로 시작했는지 알지 못합니다. 마치 성도는 설교의 도입과 설교 첫 단락의 시작이 하나의 내용으로 경청하는 것이 아니라, 서로 다른 두 내용으로 이해할 수 있습니다.

다음은 설교자가 시 137편을 설교하기 위하여 도입에서 활용된 이야기가 어떻게 A단락과 연결 문장이 자연스럽게 다리가 놓아지는지 설명하겠습니다.

– 도입의 예화: 결혼반지를 잃어버린 사건…(이야기 생략) 사람은 귀중한 물건하나 잃어버려도 이렇게 안타까워합니다.

* 도입–A를 연결하는 포인트(다리 놓기): 이렇게 귀중한 물건 하나를 잃어버려도 안타까워하는데 만일 우리가 늘 매주일 마다 드리는 예배를 드리지 못한다면, 그것도 우리 믿는 자의 실수로 하나님께서 예배를 드리지 못하게 하신다면 여러분은 어떻게 하실 건가요?

A. 1절(시온의 예배의 때를 기억하며 우는 자 – 예배를 빼앗긴 백성들): 오늘 본문은 믿는 자가 가장 소중히 여겨야할 예배를 잃어 버렸을 때, 겪는 고통에 대하여 말하고 있습니다. 그리고 하나님은 신자들에게 잃은 예배의 소중함을 깨닫게 하기 위하여 고난을 허락하십니다.

또한 설교자는 설교 도입에 성도를 향해 질문을 던지면서 자연스럽게 시작할 수 있습니다.

설교자가 시 137편을 질문으로 설교를 시작한다면 다음과 같을 것

입니다. "여러분들이 가장 소중하게 여기는 것이 무엇일까요?... 혹시 그 물건(구체적으로 언급)을 내 실수로 잃어버린다면 어떻게 하실 건가요?.... 그리고 우리 인생에서 가장 중요한 예배를 더 이상 드리지 못한다면 여러분은 어떻게 하실 겁니까? 오늘 하나님의 말씀은 신앙인에게 있어서 가장 소중한 예배, 그리고 그 소중한 예배를 잃어버린 자의 이야기를 우리에게 들려주고 있습니다."

여섯째, 설교자는 설교의 결론을 어떻게 마무리할 것인가 생각해야 합니다. 다양한 방법이 있을 수 있습니다. 설교자가 시 137편을 설교할 때 어떤 결론으로 장식할 수 있는 몇 가지 예를 소개함으로 구체적인 설명을 대신하겠습니다.

- **설명으로:** 신앙의 결단은 하나님께서 어떤 일을 행하실 것이라 기대 속에서 행하는 용기가 아닐까? 그들의 이 결단이 다시 이스라엘의 회복을 일으킵니다.... 여러분, 이런 결단이 우리에게 필요한 것이 아닐까요?

- **예화로:** 돈을 잃어버리면 몇 년에 걸쳐 노력하며 얻을 수 있습니다... 건강을 회복하는데 50년이란 세월이 필요할 수 있습니다... 신앙을 잃어버리면 인생 전체를 잃어버리는 겁니다... 그 가운데 하나님을 만나는 예배를 소중하게 인식하지 않으면...

- **찬양으로:** 우리가 잘 아는 찬양 중에 이런 노래가 있습니다. 찬 383장 "눈을 들어 산을 보니 도움 어디서 오나 천지 지은 주 하나님 나를 도와주시네..." 지금 시 137편의 이스라엘 백성은 예배 때, 부르짖었던 도움의 하나님께 다시 자신의 상황을 회복시켜 달라 목 놓아 외치고 있습니다....

- **전체적으로 설교를 요약하면서 적용적 질문을 던지면서 끝내기:**
"여러분은, 지금 어떠신가요? 예배를 드리실 때, 온 힘과 열정을 다해 하나님을 찬양하며... 지금 우리가 드리는 이 예배가 오늘 마지막 예배일 수 있습니다...."

설교자는 다양한 설교의 결론 방법을 연구함으로 청중에게 설교가 끝날 때, 설교의 강력한 인상을 남겨야 합니다.

일곱째, 설교자는 각 단락 내용 가운데 감초와 같은 예화나 비유를 어떻게 배치할 것인가? 전략적으로 고민해야 합니다.

설교자는 모든 단락에서 예화나 비유를 사용할 필요가 없습니다. 왜냐하면 자칫 성도가 예화나 비유가 많은 설교를 들을 때, 설교 내용의 본질보다 이야기만 기억할 수 있기 때문입니다.

설교자는 가끔 청중이 설교를 듣고 예배당에서 나올 때, "오늘 목사님의 그 이야기는 정말 재미있었어!" 서로 이런 이야기를 하는 건 종종 듣습니다.

결국, 많은 예화나 이야기나 성경 본문의 내용에 대한 이해를 돕는 것이 아니라, 성경 본문의 내용을 실종시켜 버리는 경우가 많습니다.

설교자는 더 치밀하게 예화나 비유 사용을 적절하게 배치해야 합니다. 예화나 비유는 하나님 말씀의 세계를 현실 세계로 끌어 오거나, 현실 세계를 하나님 말씀의 세계로 끌어 와 청중으로 하여금 성경의 세계와 현실의 세계를 연결시키는 역할을 합니다.

그리고 예화나 비유를 듣는 청중은 하나님의 말씀을 현실 세계에 적용시킴으로 하나님께서 어제나 오늘이나 미래에 여전히 통치하시고, 자신의 백성을 보호하시는 분이심을 자연스럽게 깨닫게 됩니다.

이런 점에서 채플(Bryan Chapell)은 설교 내용의 자연스러운 전개를 위한 예화(비유) 사용에 대하여 자신의 설교학적 통찰력을 빌려줍니다.

체펠이 예화(이야기)를 사용하는 주된 내용은 설교 내용의 자연스러움을 고려한 예화(이야기) 사용을 통한 적용입니다. 그의 생각에 따르면, 성경 본문의 설명 → 예화 → 적용으로 설교 내용이 전개될 때, '설명과 예화 사이'와 '예화와 적용' 사이를 자연스럽게 연결할 수 있는 연결 문장을 통하여 자연스럽게 다리 놓기를 완성해야 합니다.[78]

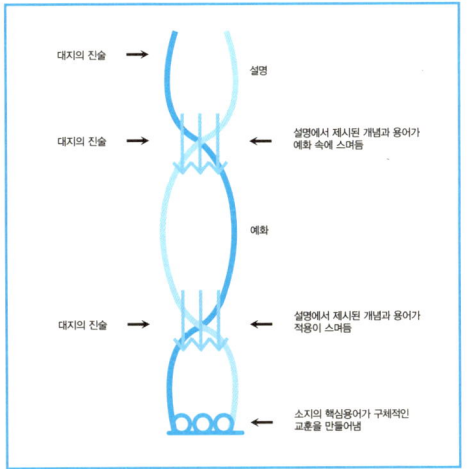

그리고 체펠의 설명을 조금 더 확대한다면 설교자는 예화 → 성경 본문의 설명 → 적용과 같이 설교 내용을 전개해 나갈 수도 있습니다. 실제 체펠의 다리 놓기의 중요성은 설교의 도입부터 인지 되어야 합니다.

설교자는 설교 도입을 예화나 이야기로 전개할 때, 자연스럽게 첫 단락과 자연스러운 연결되는 연결문장의 다리 놓기를 고심해야 하기 때문입니다. 설교자는 각 단락의 설교 내용들 가운데 예화나 이야기를 활용하더라도 반드시 성경 내용, 그리고 적용과 혼연일체가 되어야 함을 잊지 말아야 합니다.

한편 설교의 예화 사용은 몇 가지 설교학적 문제를 수반할 수 있습니다.

첫째, 청중들이 설교자의 설교를 경청하고 난 뒤, 성경 본문의 내용보다는 재미있거나 감동적인 예화만 기억할 수 있습니다.
둘째, 설교자가 하나님의 말씀을 깊이 있게 묵상하기 보다는 탁월한 예화를 찾기 위해 온 힘을 기울이게 됩니다.
셋째, 작금의 예배를 살펴보면 1시간 안에 예배가 끝나는 교회가 대부분입니다. 그렇기에 예배의 핵심인 설교 시간이 기껏해야 20-30분 정도에 불과합니다. 이런 짧은 설교 시간에 예화를 사용한다는 것은 자연스럽게 하나님의 말씀을 전달할 시간이 부족하게 되는 문제를 야기 시킵니다.

그러므로 오히려 작금의 교회는 예화 사용의 비중을 설교에서 높이는 것보다, 짧지만 강력한 비유를 활용하여, 또는 간단한 속담을 사용하여 청중에게 다가가는 것이 효과적일 수 있습니다. 왜냐하면 비유는 성경해석을 위해서만 필요한 것이 아니라, 일상의 삶에서 일상 언어로 적용되는 관습적인 요소를 지니고 있기 때문입니다.

그리고 비유는 시각적인 장면을 서로 공유하여 그 상황을 자연스럽게 공감하게 만드는 촉진제 역할을 합니다. 그러므로 설교자가 예화를 활용하는 것보다 비유 활용에 관하여 관심을 갖고 연구한다면 효과적인 설교를 극대화시킬 수 있을 가능성이 큽니다.

아무튼 지금까지 설교자는 치밀한 설교 설계도가 있을 때 구체적인 설교 내용을 작성할 수 있으며, 각 단락을 설명하는 설교 내용의 균형감과 설교의 흐름 안에서 설교자의 생각을 고스란히 담아 낼 수 있다는 걸 알게 되었습니다.

사람은 찰흙으로 어떤 작품을 만들 때, 반드시 철사로 뼈대를 만든 후, 거기에 찰흙을 덧붙여서 작품을 완성합니다. 설교도 마찬가지입니다. 치밀한 설교 설계도가 완성된 후, 거기에 설교자가 설교 내용을 붙임으로 균형 잡힌 좋은 설교가 작성됩니다.

(6) 설교 작성은 어떻게 해야 하나요?

설교자가 설교 작성을 해 나갈 때, 자신도 모르는 사이에 커다란 실수를 저지릅니다. 그것이 무엇일까요?

첫째, 설교자는 각 단락의 설교 내용들이 자연스럽게 연결 되는지 살펴봐야 합니다. 이것은 설교 퇴고를 말하는 것이 아닙니다. 설교자는 설교를 작성할 때, 붓 가는대로 쓰는 경향이 있습니다. 설교자는 자신이 계획한 설교 설계도를 참고하면서 반드시 설교를 작성해 나가야 합니다.

다시 말해, 설교자는 반드시 각 단락들(도입과 결론을 포함)의 분량을 재차 확인하며 그 분량에 알맞은 설교 내용을 담아내야 합니다. 설교자는 설교 설계도와 성령의 도움을 받으며 설교 작성을 해 나가야 합니다.

둘째, 설교자가 설교 설계도를 참고하며 설교 작성을 해 나갈 때 자신이 쓰고 있는 설교 문장들(구어체들)을 큰 소리로(마치 설교하는 것처럼) 외치며 작성해야 합니다. 많은 설교자는 설교 작성 시, 침묵을 지키며 설교 내용을 글로 표현하기 바쁩니다. 그러나 설교는 문어체가 아니라, 구어체입니다. 즉, 설교는 일상적인 대화처럼 이루어진 말의 형태이며 자연스럽게 말하는 것처럼 설교 내용도 구성되어야 합니다.

그러므로 설교자는 설교 작성 때 설교가 구어체로 작성되기 위하여 침묵이 아닌, 큰 소리로 말하면서 설교를 작성해야 그 효과를 볼 수 있습니다.

설교자가 큰 소리로 말하면서 설교를 작성하면 자연스럽게 설교 내용이 암기됩니다. 불행하게도 많은 설교자들은 설교 작성이 끝난 후, 설교 내용을 계속 읽거나 숙지함으로 설교단에서 설교 원고를 눈에서 떼려고 노력합니다. 그러나 실제, 설교자가 설교 작성 때부터 큰 소리로 설교를 구어체로 말하며 작성한다면 설교 원고를 의지하는 문제를 더 쉽게 해결할 수 있습니다.

셋째, 설교자는 설교를 작성할 때, 주로 컴퓨터에 있는 한글문서 프로그램을 활용하여 A4지에 인쇄하여 숙지합니다. 그러나 설교자가 설교단에서 설교 원고를 가지고 설교를 수행할 때, 작성된 설교 원고에서 눈을 떼지 못하는 문제가 발생할 수 있습니다. 게다가 설교자가 긴장하거나 자신감을 잃어버릴 경우, 눈으로 청중과 소통(eye contact)하는 중요함을 상실한 채, 설교자의 눈은 설교 원고에 메여 버립니다. 그러므로 저는 설교자가 설교 원고를 작성할 때, 어떻게 A4지에 작성하는 것이 좋은지 실제적인 예를 들고자 합니다.

가가가가가가가가가가가가가가가 가가가가가가가가가가가가가가가 가가가가가가가가가가가가가가가 가가가가가가가가가가가가가가 가가가가가가가가가가가가가가가 가가가가가가가가	가가가가가가가가가가가가가가가 가가가가가가가가가가가가가가가 가가가가가 가가가가가가가가가가가가가가가 가가가가가가가가가가가가가가가 가가가가가가
문제가 있는 설교 원고	성경 본문을 향해 질문 던지기

왜 저는 앞쪽에 있는 것을 가리켜 문제가 있는 설교 원고라 소개했고, 뒤에 있는 설교 원고를 좋은 예라 말했을까요? 좋은 설교 원고는 설교를 작성할 때, 반드시 3~4줄 후, 한 두 칸을 띄었습니다.

설교자는 이미 설교 내용을 작성하면서 어느 정도 숙지했습니다. 그러므로 설교의 내용가운데 문장의 첫 단어만 봐도 어떤 설교 내용이 있는지 감각적으로 알 수 있습니다. 만일 설교자가 모든 설교 내용을 3~4줄로 작성하면서, 그때마다 한 두 칸을 띄었다고 생각해 봅시다.

설교자는 3~4줄에 있는 설교 내용이 무엇인지 한 눈에 파악할 수 있습니다. 마치 사진을 찍는 것처럼, 눈에 들어올 것입니다. 그리고 설교자는 이미 설교 내용을 어느 정도 파악했기에 3~4줄의 내용 중, 앞 단어만 봐도 무슨 내용을 전달해야 할지 압니다. 그러므로 설교자가 사진을 찍는 것처럼, 3-4줄을 한 번에 눈에 확인하고 청중을 바라보며 설교를 전달 할 수 있습니다.

설교자가 설교 내용을 모두 전달할 때까지, 3~4줄을 한 번에 눈에 익힌 후, 청중을 바라보며 설교한다면, 자연스럽게 설교 원고를 바라보면서도 설교 원고에 설교자의 눈이 메이지 않고, 눈으로 청중들과 소통하는 기회까지 얻게 됩니다.

제5장

당신은 어떻게 설교를 작성하시나요?

6

당신은 설교 점검을 어떻게 하시나요?

6.

당신은 설교 점검을 어떻게 하시나요?

지난 2006~2007년 사이, 한국교회는 입에 쓴 보약을 맛보았습니다. 한 명의 신학자며 설교자인 정용섭 교수님은 2 권의 책 『속 빈 설교 꽉 찬 설교, 설교와 선동의 사이에서』을 통해서 한국에서 내놓으라 하는 대형교회 유명 목사들의 설교를 비평하므로 그들의 부족한 부분들을 서슴없이 폭로하였기 때문입니다. 물론 정용섭 교수님은 자신의 신학의 틀 (판넨베르그의 신학)을 잣대로 소위 말하는 한국의 대형교회 목사들의 설교들을 난도질 한 것은 사실입니다. 그러나 정용섭 교수님의 설교비평을 통해 한국교회 설교자들이 자신의 설교에 대한 자각 운동이 일어났다는 것은 부인할 수 없습니다.

즉, 정용섭 교수님는 설교자들이 자신의 설교들을 되돌아 봐야 하는 밑거름을 제공했다 라고 말할 수 있습니다. 물론 그의 설교비평의 잣대는 보수신학과 상당한 차이가 있는 것은 사실입니다. 그러나 정용섭 교수님은 한국교회의 모든 설교자들에게 자신들의 설교를 스스로 비평하고 점검해야 한다는 커다란 숙제를 던져 주었다 평하고 싶습니다.

그러나 정용섭 교수님의 설교비평이라는 쓴 보약을 맛 본 한국교회이지만, 실제로 한국교회 설교자들이 스스로 자신들의 설교들을 객관적으로 점검하고 있는가? 라고 묻고 싶습니다. 아니, 조금 다르게 질문을 던지고 싶습니다. 비록 정 교수님의 설교 비평을 통해 한국교회가 홍역을 앓았지만, 과연 한국교회의 신학자들, 특히 설교학자들은 한국교회 설교자들이 쉽게 사용할 수 있는 객관적인 설교점검 방법을 제시한 적이 있는가? 이렇게 의미심장하게 되묻고 싶습니다.

작금의 설교학자들은 일선의 설교자가 쉽게 사용할 수 있는 객관적인 설교점검 방법을 제시한 적이 있을까요? 대부분의 설교자들은 설교를 작성한 후, 자기 나름대로의 방법을 활용하여 자신의 설교를 점검할 것입니다. 그러나 자신의 설교가운데 나타나는 문제점들을 발견하기란 결코 쉽지 않습니다. 왜냐하면 이미 자신의 설교패턴에 오랜 시간 노출되었기 때문입니다. 때론 한국 설교자들은 많은 설교의 준비로 인하여 설교 점검이라는 중대한 사항을 무시하는 경우도 있습니다.

또 하나, 한국 설교자들 자신의 설교를 점검 받기 위해서 설교학자들이나 전문 기관에 의뢰할 수 있습니다. 그러나 이 경우, 의뢰비라는 재정적 문제를 해결해야만 합니다. 그러므로 제 개인적인 생각이지만, 만일 한국교회의 설교자들에게 쉽고 빠르게 자신의 설교를 스스로 점검할 수 있는 객관적인 방법을 제시한다면 설교자들은 청중들에게 설교하기 전이나 후, 자신의 설교적 발전을 위해서 그 방법을 사용할 것입니다.

그 이유는 설교자라면 누구든지 청중들에게 더 좋은 하나님의 말씀을 전달하고자 하는 거룩한 욕망을 소유하기 때문입니다 그러므로 저는 하이델베르크 설교분석법(The Heidelberg method of sermon analysis)을 설교자들에게 소개할 뿐 아니라, 어떻게 사용하는지 방법을 제시하고자 합니다. 왜냐하면 이 방법을 손쉽게 사용할 수 있기에 한국교회 설교자들이 스스로 자신의 설교를 진단하고 평가할 수 있기 때문입니다.

1. 하이델베르크 설교분석법이란 무엇인가요?

사실 보렌(Rudolf Bohren)과 데부스(Gerd Debus)는 이 설교분석 방법을 설교자 스스로 자신의 설교를 평가하거나 점검하기 위해 고안하지 않았습니다.

다시 말해, 그들은 설교학자가 어떤 설교자의 설교를 분석함으로써 그 설교자의 설교학적 생각과 특징, 설교에 나타나는 문제점과 모순, 그리고 설교에 나타나는 설교자 자신의 이데올로기적 문제점 등을 밝혀낼 수 있도록 고안하였습니다. 실리어스(Johan Cilliers)는 이 설교분석 방법에 관하여 조금 더 구체적으로 다음과 같이 설명합니다.

> 보렌과 데브수는 하이델베르크 대학교에서 이 방법론을 고안하였다. 그리고 1986년 12월 8~12일 4일동안 설교 연구를 위한 심포지엄이 하이델베르크 대학교에서 있었다. 그 심포지엄에서 두 신학자는 1000편의 설교문들을 이 방법을 통해 분석 비평하였다…. 에 설교분석 방법은 실천신학 중 설교를 위한 모든 요소를 통합적으로 평가할 수 있을 뿐 아니라, 심지어 이 방법론은 설교문에 나타나는 설교자의 이데올로기적 문제점을 비평할 수 있다.[79]

실리어스는 하이델베르크 설교분석법을 통해서 설교 안에 녹아져 있는 설교의 구성요소 (하나님, 성경, 설교자, 청중) 들까지 세밀하게 분석할 수 있음을 주장합니다.

그리고 하이델베르크 설교분석법은 신뢰할 만한 객관적 분석방법가운데 하나임을 알 수 있습니다. 왜냐하면 보렌과 데부스는 이미 이 설교분석 방법의 객관적 타당성을 증명해 보이기 위하여 1000편의 설교들을 분석하는 임상을 거쳤기 때문입니다. 그러므로 만일 어떤 설교자든지 하이델베르크 설교분석법을 숙지하고 있을 뿐 아니라, 스스로 자신의 설교에 그대로 적용할 수만 있다면 이 방법을 통해서 객관적으로 자신의 설교학적 생각과 특징, 자신의 설교 안에 나타나는 여러 문제들을 점검하여 설교내용을 보완할 수 있을 것입니다.

다시 말해, 설교자가 이 방법론을 다른 사람의 설교를 분석하거나 비판하는데 사용하는 것이 아니라, 자신의 설교를 스스로 분석, 점검해보자는 것입니다. 그리고 저는 설교자 누구든지 이 방법론을 숙지한다면 누쉽고 빠르게 자신의 설교를 점검할 수 있을 것이란 확신을 갖고 있습니다. 왜냐하면 제가 이 설교분석 방법을 통해 제 설교를 점검해 봤기 때문입니다.

2. 하이델베르크 설교분석법은 어떻게 구성되어 있나요?

(1) 언어학적 질문들: 설교자가 설교를 통해 어떤 내용을 전달하고 싶은지를 구체적으로 파악하기 위한 질문들로 구성되어 있습니다.

언어학적 질문들	성경 본문을 향해 질문 던지기
설교의 도입은? (제목까지)	설교의 도입부분은 설교의 목적뿐 아니라, 안내역할을 담당한다. 설교의 도입이란 축구의 시작을 알리는 휘슬일 뿐 아니라, 배가 출발하여 다른 항구로 가기 위한 길을 안내하는 것이라 말하고 있다. 그러므로 설교문의 도입을 살펴봄으로써 설교자가 설교를 통해 무엇을 말하고자 하는가 라는 의도성과 목적을 파악할 수 있다.
설교의 결론은?	결론이란 설교의 도입에서 의도했던 목적이 완성됨을 의미한다. 그러므로 설교의 결론을 파악함으로써 설교자가 설교를 통해서 구체적으로 청중들에게 무엇을 전달하고 싶었는가를 알 수 있다.
설교 스타일 (form)과 설교의 수사학적 기법은?	만일 설교자가 설교를 통해서 청중들에게 놀라움을 주길 원한다면, 효과적인 설교스타일을 찾아내야 한다. 왜냐하면, 결국, 설교자는 자신이 말하고 싶은 요지를 어떤 설교의 폼에 담아 말하게 되어 있기 때문이다. 즉, 설교의 폼이란 의미를 전달하는 도구라 설명할 수 있다. 그러므로 설교자는 자신의 의도를 청중들에게 전달하기 위해서 설교자 스스로 어떤 수사학적 기법들과 전달방법에 관하여 고민하지 않을 수 없다.

설교내용 가운데 조건문장들을 살펴보자	설교자는 때때로 조건문들을 통해서 자신의 생각을 쉽고, 강하게, 때로는 설득적으로 청중들에게 주입시키려는 행동을 한다. 그러나 이 과정 가운데, 설교자는 참된 가설이나 주장, 확신을 통해서 청중에게 다가가기도 하지만, 거짓된 가설이나, 주장을 함으로써, 마치 자신의 생각만이 확실한 정답인 것처럼, 표현하는 경우가 상당수 포함되어 있다. 그러므로 설교 안에 있는 조건문들을 살핌으로써 우리는 설교자의 잘못된 주장이나 가설, 확신을 파악할 수 있다.
설교자는 자신의 목적을 설교를 통해 주입시키거나 강조하기 위해서 비논리적 이거나 근거가 없는 자료들을 제시하는가?	설교자는 자신이 생각하는 설교내용의 핵심을 구체적으로 드러내기 위해서 자주 불확실한 논리로 설교를 전개하는 경우가 많다. 게다가 설교자는 때때로 불 확실한 자료들이나 소문 등을 설교문 안에 삽입함으로써 자신의 신학적 사상이나 설교내용을 뒷받침하는 경우가 종종 있다. 그러므로 이 질문을 통해서 우리는 설교 안에서 설교자의 잘못된 논리나 신학적 문제점 등을 파악할 수 있다.
설교 내용이 어느 한쪽 면으로만 지나치게 치우쳐 있지 않는가?	이 질문은 우선적으로 설교자의 이데올로기적 문제점을 파악하기 위한 것이다. 특히, 설교자는 자신의 편향된 신학사상을 강조하기 위해 주로 이분법적인 방법론을 통해서 전달하는 경우가 많다. 예) 흑백원리, 선과 악, 참과 거짓 등. 하지만 우리는 이 질문을 통해서 설교자의 개인석인 성상배경을 파악할 수 에 없으며, 설교자에게 누가 어떻게, 어디에서 사상적으로나 신학적인 영향을 받았는가? 하는 간접적인 질문의 답까지 파악할 수 있다.

(2) 설교학적 질문들: 설교의 4개의 구성요소 (하나님, 성경, 설교자, 청중) 들을 파악하기 위해 고안된 질문들입니다. 특히, 이 4가지의 구성요소들을 파악함으로써 하나님께서 본문을 통해 자신의 백성들에게 무엇을 말씀하기를 원하는지 알 수 있습니다.

설교학적 질문들	설 명
성경본문 가운데 하나님은 어떤 분이신가? 그리고 자신의 백성을 위해 어떤 일을 하시는가?	성경본문 가운데 하나님께서는 직, 간접적으로 자신의 모습을 드러내신다. 그리고 본문 가운데에서 하나님께서 자신들의 백성을 위해서 구체적인 일을 하신다. 예) 창조주, 구원자, 심판자, 안내자 등등. 그러므로 이 질문을 통해서 우리는 설교자가 진정 하나님께서 원하시는 자신의 상이나 마음을 잘 설명하고 있는가? 즉, 설교자가 하나님께서 원하시는 것을 청중들에게 전달하고 있는가? 아니면 하나님께서 말씀하시고자 하는 바를 배제한 채, 오직 자신이 전하고 싶은 내용만 청중들에게 전달하고 있는가? 라는 부분을 파악할 수 있다.
설교 안에서 성경본문들을 인용하고 있는가? 그리고 어떻게 해석하고 있는가?	설교란 반드시 성경구절들을 인용할 뿐 아니라, 구체적으로 성경본문을 해석하게 되어 있다. 왜냐하면 하나님께서는 성령의 조명을 통하여 설교자들에게 자신의 말씀을 해석할 수 있는 힘을 주셨기 때문이다. 하지만 설교자 스스로 그릇된 해석을 하는 경우가 있다. 왜냐하면, 자신의 의도와 하나님의 말씀의 의미가 다소 상반되거나, 다를 때, 의도적으로 하나님의 말씀의 참된 뜻을 왜곡시키거나 변질시키기 때문이다. 그러므로 이 질문을 통해서 설교자가 과연 올바르게 성경구절들을 인용했을 뿐 아니라, 하나님께서 성경의 본문을 통해 말씀하시고 자는 참된 의미를 정확하게 해석하고 있는가? 하는 것을 알 수 있다. 설교자가 설교를 작성할 때, 가장 큰 문제점 중 하나는 자신의 편견이나 의도적 목적을 청중들에게 전달하기 위해서 성경을 근거로 삼는 데에 있다.

청중의 현 상태를 어떠한가? 설교자는 성경 본문과 청중의 현재 삶을 적절하게 조화시키고 있는가?	설교자란 하나님과 청중 사이에 늘 서 있는 존재이다. 즉, 하나님께서는 설교자를 통해서 현재 이 땅에서 고통 받거나 죄 가운데 있는 자신의 백성들에게 자신의 위로와 심판에 대하여 전달하시기를 원하신다. 왜냐하면, 세상과 자신의 백성이 늘 힘겨운 싸움을 하고 있기 때문이다. 그러므로 설교자란 하나님의 말씀을 현재 이 땅에 살고 있을 하나님의 백성들에게 잘 전달해야 할 의무를 가지고 있다. 하지만 설교자는 청중의 삶을 정확하게 이해하기 못한다면, 하나님의 말씀을 구체적으로 전달할 수 없다. 왜냐하면 하나님의 말씀과 세상 사이에 간격이 있는데, 설교자는 이 둘을 연결하는 다리를 놓지 못하기 때문이다.
설교 가운데 설교자는 어떤 상(이미지)을 가지고 있는가? 즉, 설교 가운데 설교자의 정체성은 무엇인가?	설교자는 청중들에게 설교할 때, 반드시 어떤 설교자의 상을 가지고 전달하게 되어 있다. 예) 선지자, 목양자, 이야기꾼, 종, 청지기, 아버지, 종, 등등. 그리고 설교자가 설교자의 구체적인 상을 갖고 자신의 설교를 전달할 때, 청중들은 구체적으로 설교자 상의 뒤에 계신 하나님을 발견하게 된다. 하지만, 설교자가 부적절한 상을 가지고 하나님의 말씀을 전달할 때, 청중들은 왜곡된 하나님의 이미지와 상을 마음에 담게 되어 있다. 그러므로 사실 상, 설교자는 성경본문을 잘 전달하기 위해 가장 좋은 설교자 상을 머릿속에 생각하고 설교를 작성해야 할 뿐 아니라, 혹시 청중들이 이 설교를 들음으로써 잘못된 신앙관을 가질 수 있지 않을까? 라는 생각을 가지고 설교를 검토해야 할 것이다.

(3) 하이델베르크 설교분석 방법을 어떻게 사용해야 하나요?

비록 하이델베르크 설교분석법은 언어학적 질문 6개와 설교학적 질문 4개로 구성되어 있으나, 설교자가 질문들의 요지를 잘 숙지하고 자신의 설교를 분석한다면 스스로 자신의 설교의 장점과 단점, 그리고 고쳐야 할 점과 보완해야 할 점등을 쉽게 찾을 수 있습니다. 왜냐하면 설교자는 언어학적 질문 6가지를 통해 자신이 무엇을 청중들에게 전달하고 싶은지를 정확하게 파악할 수 있습니다. 그리고 다시 설교자는 설교학적 질문 4 가지를 통해서 자신이 전하고자 하는 설교의 내용과 하나님께서 진정 성경본문을 통해 자신의 백성들에게 말씀하시고자 하는 내용인가 비교해 볼 수 있기 때문입니다.

다시 말해, 설교자 자신이 설교하고픈 내용을 알 수 있는 언어학적 질문 6개와 하나님께서 성경본문을 통해 말씀하시고자 하는 내용을 알 수 있는 설교학적 질문 4개를 서로 교차적으로 비교합니다. 그리고 서로 상반되지 않았다면 하나님께서 성경본문을 통해 말씀하시고자 하는 내용과 설교자가 전달하고자 하는 설교가 크게 다르지 않다는 결론에 도달합니다. 그러나 서로 상반된다면 설교자의 설교에 문제가 있는 것이므로 설교 내용을 반드시 수정해야 합니다.

또한 하이델베르크 설교분석 방법의 특징은 기본적인 질문 10개 외에, 설교자 자신이 생각했을 때 설교문의 정확한 분석을 위해서 필요하다고 생각하는 질문 1~2개를 더 첨가할 수 있습니다. 그와 반대로 1~2개의 질문을 생략함으로써 하이델베르크 설교분석법을 간소화시켜 효율적으로 개량시킬 수도 있습니다. 그러므로 하이델베르크 설교분석법은 상황이나 목적에 따라 약간의 변형이 가능합니다.

3. 하이델베르크 설교분석 방법으로 다른 설교자의 설교를 어떻게 평가할 수 있나요?

지금까지 하이델베르크 설교분석 방법을 사용하여 설교자 자신의 설교를 점검하는 방법을 설명했습니다. 그러나 하이델베르크 설교분석 방법은 실제 설교자의 설교를 분석, 진단, 비평하기 위해 고안된 것입니다. 때로 설교자는 본받고 싶은 어떤 설교자의 설교를 분석하거나 평가하고 싶어 할 수 있습니다. 또한 설교자 가운데, 설교학을 더 깊이 공부하기 위하여 상위 학위인 석, 박사 공부를 진학했을 때, 학위 논문을 위한 하나의 설교학적 방법론으로 필요할 수 있습니다. 그러므로 저는 제가 워필드(Benjamin B. Warfield)의 채플설교를 분석한 글을 소개함으로 하이델베르크 설교분석 방법을 어떻게 활용하여 다른 설교자의 설교를 분석할 수 있는지 설명하고자 합니다.[80]

(1) 워필드(Benjamin B. Warfield)에 대하여

현재까지 워필드에 관한 수많은 글들이 국외(내)에서 쏟아져 나왔다. 그리고 앞으로도 그의 신학사상에 대하여 더 좋은 글들이 나타날 것이다. 그러나 워필드에 관한 연구물들을 살펴볼 때, 설교학자로서 한 가지 신학적 아쉬움을 표현할 수밖에 없다. 그 신학적 아쉬움이란 워필드에 관한 연구들은 주로 조직신학적 관점에서 이루어지고 있다는 사실이다. 물론 워필드는 개혁신학의 거장으로서 탁월한 조직신학자 가운데 한 사람이라는 사실에 대하여 어느 누구도 부인할 수 없을 것이다. 그러나 그의 저서들을 살펴본다면 어떤 성경신학자 보다도 개혁신학에 정통에 근거한 정확한 성경해석을 하고 있음을 깨달을 수 있다. 다시 말해 그는 조직신학자이면서 동시에 뛰어난 성경신학자라 감히 말할 수 있다.

이 사실에 대하여 우리가 그의 두 권의 설교집 – *The Saviour of The*

World 『세상의 구주』와 Faith and Life 『신앙과 삶』 -을 천천히 읽어본다면 워필드는 성경본문을 선택한 후, 얼마나 조직신학과 성경신학을 넘나들며 정확하고 깊은 성경해석을 하고 있는지 알 수 있다.[81] 워필드의 설교를 분석함으로써 그의 설교 안에 숨겨져 있는 개혁신학의 보화를 캐내고자 노력할 것이다.

우선 설교를 분석함에 앞서 다음과 같은 제한이 필요하다. 먼저 워필드의 설교 가운데 채플설교를 중심으로 분석할 것이다. 다시 말해 (구) 프린스턴 신학교에서 채플시간에 설교한 것을 책으로 엮은 *The Saviour of The World* 『세상의 구주』를 분석할 것이다.

왜냐하면 그의 채플 설교를 연구함으로써 올바른 채플설교의 역할 뿐 아니라, 워필드가 소유하고 있는 탁월한 개혁신학을 선보일 수 있기 때문이다. 그의 채플설교는 개혁신학의 정수가 고스란히 숨겨 있는 금맥이라 평가할 수 있다. 둘째, 그의 설교를 분석함에 있어서 하이델베르크 설교분석 방법을 사용할 것이다. 논자가 이 설교분석 방법을 사용하는 이유는 개인적 주관성을 철저하게 배제할 뿐 아니라, 누구든지 설교분석의 결과를 통해 납득할 수 있는 객관성을 확보하기 위해서이다.

(2) 워필드의 채플설교: *The Saviour of The World* 『세상의 구주』

① 채플에 관한 간단한 설명: 미국을 중심으로

처음 18세기 중엽 미국의 하버드와 예일 대학에서 채플을 공식예배로 인정하였다. 왜냐하면 채플은 목회자 양성과 복음 전파라는 기독교 대학의 목적을 이루기 위한 수업의 연장으로 받아드렸기 때문이다. 그러므로 신대륙에서 기독교 대학은 청교도의 정신과 신학을 통하여 목회자와 올바른 기독 정신을 가진 자를 배출하고자 노력하였다.[82] 이정관은 신학수업의 연장으로써 채플에 대하여 다음과 같이 설명한다.

기독교 대학의 정체성의 특징을 나타내는 채플에 대한 질문을 한다면, 첫째, 대학채플의 목표를 어디에 둘 것인가?... 다원화를 이야기하고 종교의 자유를 소리 내는 사회 속에서 대학채플의 목표를 어디에 두어야 하는가이다.... 이미 그리스도를 영접한 예배 자들은 말씀 선포를 통하여 신앙이 성장하고 헌신을 다짐하는 시간이 되게 하여야 한다. 그리고 채플에 대한 거부감을 가지고 있는 학생들에게는 기독교의 올바른 이해와 기독교 신앙에 대한 앎과 기독교 세계관을 가질 수 있도록 하며, 궁극적으로 예수 그리스도를 영접할 수 있도록 하는 실천적 과제를 가지고 있다.[83]

그러나 미국에 있는 기독교 대학들은 채플의 중요성에 대하여 서서히 잊어버리기 시작했다. 1950년대부터 미국 내의 기독교 대학은 학생들에게 채플의 출석에 대하여 자유를 허락하기 시작했다. 그러나 몇몇 기독교 정신을 받아드리는 대학들은 여전히 의무적으로 채플 출석을 요구하였다. 그리고 채플 출석이 미달인 학생들에게 퇴학처분을 내렸다. 하지만 20세기 초반에 들어오면서 미국의 기독교 대학들은 점차적으로 종합대학으로 발전하였다. 그로 인하여 채플의 목적뿐 아니라, 채플의 중요성이 남아있지 않게 되었다. 그 결과 공적인 신앙고백을 중심으로 형성된 교직원과 학생들은 학내에서 점차적으로 사라지기 시작했다.[84]

② The Saviour of The World 『세상의 구주』

미국 내의 채플의 중요성은 변두리로 밀려나 버렸다. 이런 신학 퇴보의 배경은 자유주의 신학이 미국 신학계에 맹위를 떨치기 시작한 후부터 말할 수 있다. 19~20세기는 개혁주의 신학과 자유(진보)주의 신학의 대립각이 날이 갈수록 날카롭게 세워져 갔던 시절이었다. 19세기는 창조주나 창조, 또는 죄나 은혜보다는 사람과 기계, 그리고 자연과 진화에 더 큰 관심을 갖기 시작하였다. 이런 관심의 변화는 '하나님은 존재하지 않는다.' 라는 결론을 산출해 내었다. 거기에 하르낙(Adolf von Harnack)을 중심으로 신학은 초자연적인 면의 배제하기 시작하였다. 특히 신학적인 면에서 하나님을 더 이상 두렵거나 떨림의 대상으로 인정받지 못하게 되었다.[85]

20세기에 들어와 이런 신학 사조는 개혁신학을 표방하는 신학교와 교수들에게 자유주의 신학자들과 맞서서 신적 계시사상을 옹호할 수밖에 없게 만들었다. 다시 말해, 예수 그리스도의 유일성과 성경의 권위를 무시하는 자유주의 신학주의자들에게 예수 그리스도의 중요성과 성경무오를 주장하거나 방어하는데 최선을 다하였다.[86] 특히 1920년 전후로 대립각을 날카롭게 세운 신학의 대립은 미국 신학계에서 두각을 나타내기 시작하였다. 왜냐하면 1920년에 화란 신학의 거장 카이퍼(Abraham Kuyper)가 소천했으며, 1921년에는 화란의 바빙크(Herman Bavinck)와 미국 프린스턴 신학교의 거장인 워필드(Benjamin B. Warfield)가 하나님의 부름을 받음으로 칼빈주의 신학을 지탱하던 세 명의 신학자들이 갑자기 사라졌기 때문이다. 그 후, 자유주의 신학은 더욱 거세게 미국의 신학계를 강타하였다.

비록 1923년 미합중국 장로교회 총회에서 성경의 영감과 무오, 그리스도의 동정녀 탄생, 그리스도의 대속, 그리스도의 몸의 부활, 그리스도의 이적의 5개조를 다시 강조할 뿐 아니라, 미합중국 장로교회에서 목사안수를 받거나 목회를 소망하는 목사에게 5개조를 고백할 것을 요구하였다. 이에 자극을 받은 자유주의 신학자들은 1923년 12월 26일에 149명의 목사들의 서명과 함께 오번선언서(The Auburn Affirmation)를 선언하며 5개조가 단순히 이론에 불과할 뿐, 다른 해석이 가능하다고 강조하였다. 그리고 이 여파는 1924년 5월까지 1283명의 목사들이 오번선언서를 선언하며 자신들이 속한 교단에서 자유주의 운동을 주도하였다.

이 오번선언서는 프린스턴 신학교에도 영향을 미쳤다. 그리고 메이

첸(John Gresham Machen), 엘리스(Oswald T. Allis), 윌슨(Robert Dick Wilson) 교수 등은 1929년 프린스턴 신학교를 떠나 필라델피아에 웨스트민스터 신학교를 설립하고 (구)프린스턴이 표방한 개혁신학을 계승하는 일을 계속하였다.[87]

미국 내에서 이처럼 급격한 신학다툼이 일어난 결정적 이유를 찾는다면, 워필드의 죽음이라고 평가해도 과언이라 말할 수 없다. 그 이유는 그가 죽음으로 프린스턴의 신학은 자유주의 신학으로 전락했을 뿐아니라, 개혁신학의 위기가 초래되었기 때문이다. 워필드는 당시 개혁신학을 수호하는 파수꾼으로 목회현장과 신학교에 설 수밖에 없었다. 메이첸은 그의 죽음에 대하여 이렇게 평가하였다.

"워필드의 죽음은 개혁신학의 전통과 프린스턴 신학의 죽음과 같은 것이다."[88] 이와 같은 역사적 배경을 주의 깊게 이해했다면, 워필드가 남긴 설교집은 개혁신학을 사모하는 모든 자들에게 전하는 마지막 유언일 수 있으며 그가 개혁신학자로서 신학적 논쟁 한복판에서 얼마나 치열한 몸부림을 쳤는지 깨달을 수 있는 확실한 증거일 것이다.

필자는 그가 남긴 두 권의 설교집 가운데 (구)프린스턴 신학교의 채플 시간에 그가 설교한 아홉 편을 엮은 *The Saviour of The World* 『세상의 구주』를 집중적으로 분석할 것이다. 물론 워필드는 프린스턴 신학교의 정통인 주일 오후 예배시간 때에, 성경공부처럼 설교를 하였는데 이것을 묶어 *Faith and Life* 『신앙과 삶』이란 설교집을 재탄생시켰다. 그러나 전자에 비해 후자의 설교집은 탁월한 성경해석과 달리 쉽게 설교를 구성한 특징을 보인다.

반면 전자는 워필드의 채플 설교로서 마치 신학수업의 연장으로 생각하듯 당시 신학사조와 그에 따른 성경해석을 반박할 뿐 아니라, 올바른 성경해석과 조직신학의 조화를 통해 개혁신학의 정수를 보여준다. 결국, 워필드는 신학생들에게 채플설교를 통하여 개혁신학을 함께 공유하기를 원했을 뿐 아니라, 훗날 신학생들이 거룩한 신학논쟁에 당당히 맞서 주기를 호소하고 있다.

(3) 워필드의 채플 설교분석

앞에서 전제한 것처럼 워필드의 채플 설교인 *The Saviour of The World* 『세상의 구주』에 속한 아홉 편의 설교들을[89] 분석함으로써 그 안에 녹아있는 개혁신학을 소개하고자 한다.

① 6개의 언어학적 질문들

ⓐ 설교문의 도입은?

워필드의 채플 설교들의 도입은 상당히 다채로운 형태를 지니고 있다. 첫째, 설교제목을 단순히 되풀이하거나, 본문자체가 지니고 있는 핵심을 한 마디로 요약하거나 설명함으로써 설교의 요지가 구체적으로 무엇을 설명하고 있는지 청중들에게 분명히 인식시킨다. 이런 전통적인 설교 도입은 청중들에게 설교의 의도와 목적이 무엇인지 명확하게 할 수 있다. 그의 설교 가운데 제 7장 다시 사신 예수님(딤후 2:8)의 도입을 다음과 같이 들 수 있다.

> 디모데후서 2장의 처음 몇 절들은 본질적으로 충성을 다하라는 포괄적인 권면입니다.... 거짓 교사들이 복음의 핵심을 공략하고 있었습니다. 배도가 사도의 동료들의 핵심부류까지 밀려왔습니다... 그때에 그는 그의 믿음의 아들 디모데에게 끝까지 신실하라고 힘을 다해 권면하고 있는 것입니다.... 그들의 공통의 구속주요 주님이신 예수 그리스도에게 신실하라는 것입니다.[90]

둘째, 성경본문을 다시 이야기로 구성하여 시작한다(Retelling). 사실 설교의 도입부분이 이야기로 시작하는 패턴은 19세기 북미에서 쉘돈

(Charies Sheldon)이 쓴 소설인 *In His step* 『예수님이라면 어떻게 할 것인가?』로부터 영향을 받은 듯하다. 이 책은 당시 대부분 청교도적인 설교를 선호하던 설교자들에게 커다란 도전을 주기 시작하였다. 왜냐하면 쉘돈의 소설은 복음을 이야기체로 전개함으로 대중들에게 복음을 쉽게 접할 수 있는 기회를 제공한 반면, 미국 교회들의 강단에서는 여전히 전통적인 설교방법을 통하여 복음이 전달되었기 때문이다. 그리고 1950년대 신설교학(The New Homiletic)의 발전과 함께 본격적으로 시작된 것으로 통상적으로 설교학계에서 받아드린다.

그러므로 워필드의 이야기식 도입 방법은 상당히 시대를 앞선 것이라 평할 수 있다. 그러나 그의 이야기식으로써 설교 도입을 추구하는 방식은 오늘날처럼 재미나 감동을 주는 예화를 통하여 청중에게 흥미를 갖도록 유도하는 방식과 다르다. 단순히 성경본문의 내용을 설교자가 이야기로 재구성하여 설교를 시작함으로써 청중들이 쉽게 파악할 수 있도록 도울 뿐 아니라, 설교의 주제가 무엇인지 구체화시킨다. 이러한 예로써 그의 채플설교 제 2장 오직 예수(행 4:12)의 도입을 보면 잘 나타난다.

> 한 가지 사람들의 이목을 집중시키는 이적이 일어났습니다. 베드로와 요한이 오후 기도 시간에 성전에 들어가다가 문간에 앉아서 지나가는 예배자들에게 구걸하는 불쌍한 앉은뱅이를 만났습니다. 그 앉은뱅이를 그들이 고친 것입니다. "나사렛 예수 그리스도의 이름으로 걸으라!"라는 한 마디 말로써 그를 주목하게 하고 그로 하여금 믿어 병고침을 얻게 한 것입니다. 베드로와 함께 지나가던 무리들이 놀라자, 그는 이를 기회로 삼아서 예수님을 전파했습니다. 베드로는 예수님의 놀라운 이름을 믿는 믿음이 이 놀라운 이적을 일으켰음을 선포했습니다.[91]

마지막으로 설교본문 만이 가지고 있는 독특한 특성을 소개함으로 설교를 시작하는 경우가 있다. 다시 말해, 제 1장 탕자의 비유를 설교할 때, 문학형식인 비유에 대한 이해를 소개하거나[92] 제5장 바울의 복음을 설교할 때, 성경본문을 고후 5:14, 18~19, 21 이렇게 세 부분을 선택한 이유를 마치 세 개의 산봉우리로 소개함으로써 반드시 세 부분에 설교의 목적이 있음을 밝힌다.[93] 때로는 제6장 영광을 입으신 그리스도(히 2:9)를 설교할 때, 자신이 선택한 성경본문이 큰 문단의 일부분임을 강조함으로써 설교의 도입부터 작은 성경본문을 선택했지만 주변의 많은 부분을 참고해야 함을 강조한다.[94]

워필드의 설교도입 스타일을 살펴볼 때, 청중들에게 다양한 도입 방식으로 접근하려는 의도가 있었음을 추측할 수 있다. 어쩌면 그는 시대의 변천에 의하여 더 이상 설교자가 청중에게 설교를 듣는 수동적인 자세를 고집하기 보다는 청중을 설교의 파트너로 인정하고 있는 것처럼 보일 수 있다. 그러나 워필드의 설교도입 방식에서 절대 놓쳐서는 안될 부분이 있다. 바로 그는 다양한 설교도입들로 설교를 시작할지 모르나 도입은 철저히 설교의 주제를 강조하는 시녀의 역할로 사용할 뿐이다.

ⓑ 설교문의 결론은?

설교의 도입과 결론은 출발점과 도착점이라 말할 수 있다. 워필드는 설교의 도입을 통하여 설교의 주제에 대하여 각인시킨 후, 설교의 내용이 전개되면서 마지막 결론에 이르기까지 한 가지 주제로 이끌고 간다. 그런데 워필드의 채플설교, The Saviour of The World 『세상의 구주』에 실려 있는 설교들은 독특하면서도 유사한 결론의 방법을 몇 가지 보여준다.

첫째, 워필드의 채플설교는 해석과 적용이란 청교도 설교의 전형적인 모습을 취하고 있다. 그는 설교의 시작부터 정확한 성경해석과 칼빈주의 신학(조직신학)을 통해 성경본문과 성경전반에 관한 정확한 의미를 발견할 수 있다. 그리고 설교의 끝부분으로 다가갈수록 워필드는 청중들에게 여러 질문을 함으로써 청중들이 스스로 자신의 삶에 적용하도록 요구한다. 물론 설교 앞부분에도 가끔 워필드가 성경 해석의 이해를 돕기 위해 질문을 던지기도 하지만, 대부분 설명적 형태로 구성되어 있다.

결국, 워필드의 채플설교는 결론으로 도달하는 과정에서 몇 번의 질문을 던질 뿐 아니라, 그에 대하여 워필드는 답을 친절하게 가르쳐 준다. 그러므로 그의 탁월한 해석을 통하여 청중은 개혁신학을 기반으로 목회를 준비하는 자로서 성경에 관한 올바른 해석방법을 배울 수 있을 뿐 아니라, 적용을 통하여 청중은 세상에 나아가 스스로 어떤 신앙적 자세를 가지고 살아야 될지에 대하여 결단의 시간을 갖게 한다.

둘째, 워필드는 자신이 설교하기 위해서 선택한 성경본문(구절)을 설교의 결론에서 되풀이하거나 유사 성경구절을 되풀이한다. 이것은 마치 성경의 문학적 기법에서 양괄식 구조를 통해 주제를 강조하는 것과 같은 독특한 기법이라 표현할 수 있다. 제 4장 측량할 수 없는 하나님의 사랑(요 3:16)을 살펴보면 쉽게 이해할 수 있다. 그는 설교의 도입을 어린 양에 대하여 설명한다. 그리고 그는 설교의 마무리를 다음과 같이 한다.

> 오직 어린 양의 생명책이 기록된 자들뿐입니다만, 그러면서도 모든 만국들입니다! 바로 이것이 구원받은 세상의 이상입니다. "하나님이 세상을 이처럼 사랑하사 독생자를 주셨으니 이는 누구든지 저를 믿는 자마다 멸망치 않고 영생을 얻게 하려 하심이라." 이것이야말로 하나님의 측량할 수 없는 사랑이 지닌 완성된 목적의 이상인 것입니다.[95]

마지막으로 워필드는 설교의 주제에 맞춰서 자신이 창작한 시를 통해 청중들 뇌리 깊숙이 다시 한 번 설교의 주제를 새겨 준다. 예를 들면 제 3장 하나님의 어린 양(요 1:29)은 예수 그리스도께서 세상의 죄를 짊어진 하나님의 어린 양이 주제이다. 결론에서 한 번 더 강조하기 위해 워필드는 창작시로 다음과 같이 설교를 마무리 한다.

"주께서 그의 세상에 임하셨도다!"
아니, 아니, 그럴 수가 없느니;
세상은 온갖 어지러운 소리와
온갖 악행으로 가득 차 있음이로다:
그가 온 땅의 주시나
그가 어떻게 인간으로 나심에 굴복하실 수 있으랴?

"주께서 그의 세상에 임하셨도다!"
죽임 당하신 어린 양을 내가 보니,
연기 나는 제단 위에
나를 위한 희생 제물이 타도다!
오 복된 주여! 오 복된 날이여!
그가 내 되를 지시려 오시도다![96]

워필드가 이처럼 설교의 결론을 시로 마무리하는 방법은 마치 흑인설교만이 가지고 있는 후핑(whooping)의 기능을 하는 듯하다. 왜냐하면 흑인설교는 설교자가 마지막 결론 때에 온 힘을 다하여 설교내용을 램(Rap)처럼 리듬감뿐 아니라, 빠르게 청중들에게 전달함으로써 청중들의 입술에서 결단을 유도하기 때문이다.

아무튼 워필드의 채플설교의 결론 방식에서 한 가지 공통점을 발견할 수 있다. 결론을 열린 상태(Open-Endedness)로 놔두는 것이 아니라, 마치 권투선수가 온 힘을 짜내어 최후의 한 방을 날리는 것처럼 결론에서 한 번 더 혼 힘을 다해 설교의 주제를 청중들에게 호소한다.

워필드는 다양한 결론의 방식을 추구하되, 설교의 주제를 한 번 더 부각시키는 결론방법은 신설교학의 아버지인 크레독(Fred B. Craddock)의 귀납적 설교방법과 정면으로 부딪친다. 왜냐하면 크레독의 귀납적 설교 방식은 설교자로 하여금 설교의 결론을 제시해 주는 것이 아니라, 청중들에게 그 몫을 돌려주자 제안하기 때문이다. 아니 조금 더 정확하게 설명한다면, 워필드는 신설교학이 태동하려고 몸부림을 서서히 칠 때 활동했던 신학자였기에 그가 사용하는 설교 결론방식은 지극히 전통적이라 말할 수 있을 듯하다.

ⓒ 설교문 스타일(form)과 설교자의 수사학적 기법은?

전통적인 대지설교 형태를 벗어나 한 주제(One Point)를 심도 있게 다루는 설교방식을 주로 사용한다. 물론 채플설교를 살펴보면 대지설교 스타일도 있다. 워필드는 이 두 가지 설교 스타일(form)을 채플설교 시간에 사용하였는데, 치밀한 성경해석의 전개를 펼친다. 그리고 두 가지 원칙이 있는데, 첫째는 성경을 성경으로 해석한다.

둘째, 철저한 개혁신학의 울타리 안에서 성경을 해석한다. 때로는 어떤 사람들은 특정한 신학사상이 폭넓은 신학을 가로막는 역할을 한다고 생각한다. 그러면서 교리의 무용론을 주장하기도 한다.[97] 그러나 개혁신학이란 개혁교회가 이미 공식화시킨 믿음의 고백으로서 시대와 문화의 변화에 따라 변할 수 있는 것이 아니라,[98] 변증적 작용을 함으로써[99] 성도에게 교회뿐 아니라, 세상에서 일어나는 여러 현상들을 객관적으로 바라볼 수 있도록 돕는 역할을 한다.[100] 다시 말해, 설교자의 성경관을 의미한다.

그리고 워필드는 개혁신학의 울타리 안에서 성경을 해석하는 방법을 독특한 수사학적 기법을 이용하는데, 먼저 설교를 위해 선택한 성경본문을 어떻게 왜곡하여 해석할 수 있는지 설명한다. 둘째, 이렇게 성경을 왜곡시켜 해석했기 때문에 탄생한 신학적 사상(...ism)에 대하여 논한다. 셋째, 성경을 올바르게 해석하면서 개혁신학을 강조한다. 이런 독특한 수사학적 기법의 3 가지 요소들은 다음과 같이 세 가지 패턴으로 사용된다.

첫째, 잘못된 성경해석 → 잘못된 해석으로 발생한 신학적 사상 → 개혁신학을 통한 올바른 해석.

둘째, 개혁신학을 통한 올바른 해석 → 잘못된 성경해석 → 잘못된 해석으로 발생한 신학적 사상.

셋째, 올바르지 못한 신학사상 → 올바르지 못한 신학 사상을 뒷받침하는 성경해석 → 개혁신학을 통한 올바른 성경해석.

이러한 그의 독특한 수사법에 대하여 채플설교 가운데 제 4장 측량할 수 없는 하나님의 사랑(요 3:16)을 통하여 다음과 같이 쉽고 명확하게 확인할 수 있다.

> 누구든지 저를 믿는 자마다... 그들이 구원으로 들어오든지 들어오지 않든지 그들에게 주도권을 그냥 넘겨주고 말입니다. 이런 것은 본문의 가르침이 될 수가 없습니다.... 그러므로 우리는 본문의 '세상'을 세상에 속한 모든 '한 사람 한 사람'의 의미로 취하는 것은 하나님의 사랑의 우대하심보다는 세상의 위대함으로 주의를 기울이게 되는 잘못된 발걸음을 딛게 하는 것일 뿐 아니라 하나님의 사랑을 가볍게 취급하게끔 만들어버린다는 것을 알게 합니다.... 사람들에게는 보편주의야말로.... 본문의 핵심은, 한 편으로는 하나님의 사랑의 강력함에 있습니다. 그리고 다른 한 편으로는 그 대상들 모두가 그 구원을 원치 않는다는 사실... 그 이유는 오로지 이것입니다. 즉, 그들이 성령으로 말미암아 거듭나서 빛에 속하였고 그리하여 그들의 눈에 빛이 비칠 때에 즉시 그 빛으로 로게 하든지, 거듭나지 않아서 그렇게 되지 않든지 하기 때문에 그런 현상이... [101]

ⓓ 설교내용 가운데 조건문장들을 살펴보자

설교자는 조건문을 사용하여 자신의 생각을 청중들에게 쉽게 이해시켜 그들의 반응을 유도한다. 하지만 설교자는 거짓된 가설이나 주장을 통하여 청중들의 판단을 흐리게 할 수 있다. 그러므로 설교에 있는 조건문들을 살펴본다면 설교자의 잘못된 주장(확신)이나 가설을 확인할 수 있다. 워필드의 채플설교를 살펴볼 때 조건문장을 발견할 수 없다.[102] 조건문장이 없다는 건, 워필드가 자신의 가설과 주장을 가지고 청중들에게 쉽게 관찰시키려고 하지 않았음을 의미한다. 다시 말해, 워필드는 자신의 설교주제를 청중의 마음속에 심어주기 위해서 논리적으로 설명한다.

이런 논리적인 설교는 청중들의 이성을 자극시키며, 마침내 그들을 설복시키고 만다. 왜냐하면 그의 논리성은 감히 어느 누구도 흉내를 낼 수 없을 정도로 너무나 치밀하기 때문이다. 만일 의심이 생긴다면, 워필드의 채플설교인 *The Saviour of The World*「세상의 구주」를 읽어봐라!

ⓔ 설교자는 자신의 목적을 설교를 통해 주입시키거나 강조하기 위해서 비논리적이거나 근거가 없는 자료들을 제시하는가?

워필드의 채플설교를 살펴볼 때, 그는 크게 세 가지의 설교 주제를 반복하였음을 알 수 있다. 첫째는 보편구원론이며, 둘째는 구원자이신 예수 그리스도(원죄포함), 셋째는 표본적 구원론(예수 그리스도의 도덕적 모델)이다. 워필드가 생존 시기에 이 세 가지는 가장 뜨거운 신학적 논쟁거리였다. 이런 신학적 논쟁에 대한 정확한 답을 제시해주고자 워필드는 다음과 같은 저서들을 – *The Plan of Salvation, Calvinism in Calvin and Augustine, Biblical and Theological Studies* – 남겼다.[103] 그리고 그는 개혁신학 통찰력은 고스란히 다시 설교학적 통찰력으로 전환시켰다. 그러나 설교는 책과 달리 시간의 제약을 받는다. 그러므로 그의 저서에서 볼 수 있듯이, 많은 분량을 통하여 세속 신학을 치밀하게 반박하지 않았다. 그 대신 그는 자신의 채플설교에서 두 가지 방법을 사용하여 개혁신학을 청중들에게 인지시켰다.

먼저 그는 예화를 사용하기보다는 믿음의 선배들이 어떻게 성경본문을 해석했는가를 소개한다. 이것을 통하여 개혁신학의 뿌리가 어디서부터 시작되었는지를 가르칠 뿐 아니라, 개혁신학이 어느 순간 탄생한 것이 아님을 강조한다. 또 하나, 그는 선택한 본문에만 한정하여 설교를 하는 것이 아니라, 성경을 성경으로 해석하는 거대담론(Meta

Narrative)을 통하여 자신이 생각하는 설교 주제가 자신의 고집이 아닌, 하나님께서 성경을 통해 말씀하시고 싶어 하시는 내용임을 강조한다. 그리고 워필드의 이러한 성경해석의 원칙은 19세기부터 본격적으로 시작된 성경무오에 대한 비판적 시각을 향한 심각한 경종을 울리는 것이라 평할 수 있다.

ⓕ 설교 내용이 어느 한쪽 면으로만 지나치게 치우쳐 있지 않는가?

워필드의 채플설교는 너무나 지나칠 정도로 한쪽으로 치우쳐 있다. 그러나 그의 편향됨은 잘못된 것이 아니라, 바른 신학을 가르치고자 하는 열정으로 받아드려야 할 것이다. 그리고 개혁신학을 사모하는 설교자라면 반드시 그의 거룩한 신학적 치우침을 배우고 익혀야 할 것이다. 당시 보편구원론, 성경무오에 대한 도전 등등, 자유주의 신학이 본격적으로 밀려들어올 때, 워필드는 이런 신학적 반란을 막기 위해 애썼으며, 채플설교 시간을 수업의 연장으로 생각하여 개혁신학을 신학생들에게 전달해야 할 사명감을 인식하고 있었을지 모른다.

② 4개의 설교학적 질문들

ⓐ 성경본문 가운데 하나님(예수님)은 어떤 분이신가? 그리고 자신의 백성을 위해 어떤 일을 하시는가?

그의 채플설교를 살펴보면 하나님은 자신이 선택한 자를 구원하시는 분으로 설명한다. 전적으로 하나님의 은혜로만 구원을 얻는 것일 뿐, 구원에 대하여 인간이 주도권을 가지지 못한다. 그리고 하나님은 인간의 죄 문제를 해결하시기 위하여 예수 그리스도를 이 땅에 보내셨다. 마지막으로 그는 모범으로서의 예수 그리스도를 행위구원의 모델 또는 윤리적 삶의 모델로 제시하지 않았다. 그는 칭의 이후, 그리스도께 순응하는 모습으로 설명한다. 다시 말해, 본받음이란 그리스도와 친밀한 관계가 형성될 때 자연스럽게 발생하는 믿음의 열매라 주장한다.

ⓑ 설교 안에서 성경본문들을 인용하고 있는가? 그리고 어떻게 해석하고 있는가?[104]

워필드는 성경본문을 해석할 때, 먼저 선택한 성경본문을 철저하게 해석한다. 그리고 다음 두 가지 형태로 다른 성경본문을 인용하면서 청중들에게 성경본문의 내용을 깊고 넓게 이해할 수 있도록 돕는다. 첫째는 성경본문 주변에 있는 성경내용들을 함께 해석함으로 확대시킨다. 예를 들어, 탕자의 비유에 대하여 해석할 때, 그는 먼저 탕자의 비유가 마치 하나님께서 모든 사람들을 용서하고 받아주시는 분으로 잘못 해석하고 있음을 주장한다. 그러면서 자연스럽게 탕자의 비유 앞에 있는 잃어버린 양과 잃어버린 동전 비유를 함께 해석함으로 유사성이 있음을 밝힌다. 둘째는 구속사적 관점에서 성경을 해석한다.

예를 들어, 워필드는 요 1:29절을 중심으로 하나님의 어린 양이란 제목으로 예수 그리스도에 관하여 설교하였다. 그는 먼저 설교를 위해 준비한 성경본문을 구체적으로 설명한다. 그리고 사 53장과 연결시킴으로써 확고부동한 예언의 성취로 설명한다.

워필드의 성경본문과 성경본문 인용에 관한 해석방법은 철저하게 거대담화를 인정하는 것이다. 다시 말해, 성경에서 다양한 저자들과 다양한 문학 장르들이 발견되지만 저자는 오직 하나님이심을 강조한다. 그러므로 그는 비록 구약과 신약성경이 분리된 것처럼 보이지만, 그 사이에는 통일성, 연속성, 점진성이 있음을 인정한다.

ⓒ 청중의 현 상태를 어떠한가? 설교자는 성경본문과 청중의 현재 삶을 적절하게 조화시키고 있는가? 와 ⓓ 설교 가운데 설교자는 어떤 상(이미지)을 가지고 있는가? 즉 설교 가운데 설교자의 정체성은 무엇인가?

워필드는 신학교를 신병교육대(Recruiting office)로 생각한다.[105] 그리고 신학교 안에서 신학생에게 어떻게 살아야 하는가를 가르치고 싶어

했다. 그렇기에 그는 신학생들에게 두 가지를 강조한다. 첫째는 지적인 신학공부의 중요성이다. 워필드는 신학교의 존재 이유에 대하여 신학생의 신학지식의 축척을 위한 교육의 장으로 생각한다.[106] 특히 그는 신학생들이 [예수 그리스도를] 증거 할 뿐 아니라, 신학을 가르치며, [예수 그리스의] 증인으로서 살기 위해 반드시 신학의 정립이 필요함을 강조한다.[107]

다시 말해, 신학생들에게 우선 개혁신학(기독교 교리)을 분명히 붙들 것을 호소한다. 왜냐하면 설교자가 될 신학생들이 올바른 신학을 알고 있을 때 올바른 설교뿐 아니라, 바른생활도 할 수 있기 때문이다.[108] 그러나 그는 신학생들에게 지적인 것만 사모할 때, 지적 상아탑만 쌓을 수 있음을 경고한다. 그러므로 워필드는 신학생들에게 이렇게 요구한다.

> 신학적 지식과 함께 뜨거운 복음의 영성을 함께 지녀라.....[109] 때때로 10시간 책에 몰두하는 것보다 [하나님 앞에] 10분 무릎 꿇는 것이 하나님을 더 참되고 깊게 이해할 수 있다.... [신학생은] 하나님께 기도함으로부터 다시 책으로 [우리의 눈길을] 돌려야 하며, 책에서 다시 [우리의 눈길을] 하나님께 돌려야 한다.[110]

워필드의 신학교에 관한 생각을 이해한다면 그가 어떤 마음가짐을 갖고 설교단에 올랐는지 상상할 수 있을 것이다. 먼저 교관이 신병들에게 신병교육대에서 싸움기술과 군인정신을 가르치는 것처럼, 그는 철저하게 신학생들에게 개혁신학을 통하여 신학적, 영적 논쟁에서 어떤 자세를 취해야 하는지를 가르칠 뿐 아니라, 끊임없이 기도해야 함을 강조한다. 그리고 먼저 교관이 신병들에게 정확한 기술을 가르쳐 주기 위해서 시범을 보이는 것처럼, 채플설교를 통해 개혁신학을 중심으로 성경을 어떻게 해석해야 하는지를 가르쳐 준다. 그러나 채플설교를 통하여 워필드가 얼마나 기도생활에 힘을 쏟았는지 파악할 수 없다. 하지만 그가 신학생들에게 기도생활을 강조한 것을 보았을 때 신학생들에게 존경을 받을 만큼 기도생활과 함께 올바른 신앙인으로 살고자 노력했을 것이다.

사명감에 불타있는 교관처럼 워필드는 청중(신학생)들에게 올바른 시범을 채플설교를 통해 선보인다. 정말 독특한 설교자 상(이미지)이라 평할 수 있을 것이다. 당시 개혁신학과 자유주의 신학의 신학논쟁 한 복판에 서 있는 워필드는 하나님의 편에 서서 신학적 싸움을 승리로 이끌기 원했다. 그러므로 신학교는 신병교육대처럼 생각할 수밖에 없었다. 그리고 그는 이 거룩한 싸움에서 홀로 싸우는 것이 아니라, 신학생들을 배출하여 그들이 세상에 나아가 동지로서 함께 영적인 싸움을 해주길 간절히 원했다. 오늘날 한국에서 개혁신학을 표방하는 모든 신학교들은 다시 한 번 고민해야 할 문제가 아닐까 생각한다.

③ 설교 분석 결론: 워필드의 채플설교에 관한 평가

지금까지 워필드의 채플설교 9편을 하이델베르크 설교분석 방법을 통해 분석해 보았다. 그리고 다음과 같은 깨달음을 얻을 수 있었다.

먼저 그의 채플설교를 통하여 오늘날 한국의 신학교에서 채플이 이루어질 때, 무엇이 가장 중요한 것인지를 깨닫게 해준다. 요즘 한국의 신학교 또는 기독교 정신을 가진 대학교는 채플설교를 통하여 영혼을 구원하는데 초점을 맞추고 있다. 물론 틀린 것은 아니다. 그러나 상황화에 너무 민감한 나머지 복음의 원액을 스스로 흐려지게 만들고 있는 것은 아닌지 염려가 된다. 아울러 채플설교가 수업의 연장이라는 것을 생각하며 채플에서 설교하는 설교자는 개혁신학이 무엇인지 신학생들에게 반드시 가르칠 필요가 있다. 왜냐하면 신학수업뿐 아니라, 신학수업의 연장으로써 채플이기 때문이다.

둘째, 하나님께서 어느 시대든지 목회자를 부르신다. 그리고 목회자는 신학의 지식을 넓고 깊게 확장시킬 뿐 아니라, 경건에 힘써야 한다. 워필드의 채플설교에서 알 수 있듯이 그는 입이 벌어질 정도로 섬세하며 정확한 성경해석을 하고 있다. 이것은 하나님께서 주신 재능이라 평할 수 있겠지만 그의 성실한 연구 자세에서 탄생한 산물이라 봐도 무방할 것이다.

마지막으로 워필드는 마치 전쟁을 치르기 위해 모집한 신병들에게 시범을 보일 뿐 아니라, 훈련도 겸하여 시키는 교관처럼, 신학생들 앞에서 개혁신학을 기반으로 어떻게 성경을 해석할 수 있는가에 대한 시범을 보였다. 그는 신학생들이 함께 개혁신학의 수호에 동참하여 자유주의 신학과 맞서 싸우는 거룩한 용사가 되길 소원하였다. 하나님은 다수가 아닌 소수, 즉 남은 자를 사용하신다 생각한다. 그리고 하나님은 각 시대마다 몇 사람을 사용하여 어둠 가운데 빛처럼 빛나게 하셨다. 다시 말해, 개혁신학이란 어둡고 죄악이 가득할 때 그리고 신학이 혼탁할 때, 한 줄기 빛처럼 빛난다. 개혁신학은 더 빛을 낼 수 있다.

신학의 혼란으로 어지러워졌으며, 어둡고 죄악이 가득한 한국에 지금 어떤 것이 필요할까? 바로 개혁신학이다. 워필드는 이미 약 100년 전에 개혁신학의 중요성에 대하여 강조하였다. 그 어떤 신학자보다도 워필드의 신학 사상을 연구한다면 탁월한 개혁신학을 배울 수 있을 것이다. 그리고 이것을 통해 한국교회를 되살릴 수 있을 것이다.

7

당신은 설교자적 기도가 무엇인지 아십니까?

7

당신은 설교자적 기도가 무엇인지 아십니까?

사람은 누구나 신에게 기도함으로 구체적인 결과를 얻어내고자 하는 강한 충동에 사로잡혀 있습니다.

기독교도 기도에 대하여 똑같이 생각하는 경향이 있습니다. 마치 기도를 하나님이란 자동판매기에 동전을 넣어 원하는 음료수를 얻는 방법처럼 생각합니다. 그러므로 기도는 하나님을 향하여 간청, 애걸, 조르는 것으로 생각할 수 있습니다.

물론 하나님 아버지께 기도를 통하여 우리의 필요를 아뢸 수 있습니다. 그러나 기도란 우리를 기꺼이 하나님의 뜻에 내어드리는 걸 말합니다. 라이스는 헨리(Matthew Henry)의 기도에 대한 이해를 인용함으로 기도에 대하여 구체적으로 설명합니다.

기도에 관한 훌륭한 저서 『기도의 방법』(A Method for Prayer) 서론에서 메튜 헨리(Matthew Henry)는 기도의 기본적인 목적을 다루면서 이렇게 선언했다. "기도는 우리 자신을 움직여 복종시키는 것이지 하나님을 움직이거나 복종시키는 것이 아니다."... 하나님으로 하여금 우리의 간구를 들어주도록 만드는 행위로서의 기도와 자기 이해의 증대와 하나님의 뜻에 더 근접한 순응을 위해 우리를 바꾸는 행위로서의 기도에는 근본적인 차이가 있다.[111]

기도란 나의 뜻을 관찰시키기 위하여 하나님의 보좌를 움직이는 것이 아니라, 하나님의 계획과 그의 의지에 나를 포기하고 따라가는 걸 의미합니다.

설교자는 보편적인 기도의 정의와 달리 한 가지 단어가 추가된 용어에 대한 이해가 필요합니다. 바로 설교자적 기도입니다. 설교자는 설교자적 기도를 통하여 하나님과 교제를 나눠야 합니다.

첫째, 설교자는 설교를 작성하기 위하여 설교자적 기도가 필요합니다. 설교자는 설교를 위한 성경 본문을 결정하는 것부터 하나님과 기도로 교제합니다. 그리고 설교를 위한 성경 본문이 정해졌다 하더라도 설교자는 그 말씀 가운데 하나님께서 원하시는 메시지를 얻기 위해 기도를 통해 하나님과 거룩한 씨름을 합니다. 여기서 끝나지 않습니다.

설교자는 설교 내용을 써내려가면서 하나님께 의중을 묻습니다. 왜냐하면 설교자는 자신만의 생각으로 설교 내용을 구성하고 있는지 하나님께서 원하시는 설교 내용으로 구성하고 있는지 점검을 해야 하기 때문입니다. 그리고 설교자는 청중을 분석하기 위하여 하나님의 눈으로 청중의 삶을 관찰합니다. 설교자는 기도하는 마음으로 청중의 삶에 간섭합니다.

또한 설교자적 기도는 설교자 스스로 묵상을 통하여 자신을 성찰하는 것을 의미합니다. 설교란 청중을 위해서만 준비되는 것이 아닙니다. 설교자는 설교를 준비하는 가운데 말씀의 거울에 자신을 노출시켜 하나님 앞에 벌거벗는 순간을 맞습니다. 설교는 청중에게 전달되기 전, 일차적으로 하나님께서 설교자에게 말씀하시는 겁니다. 그러므로 설교자는 설교를 준비하면서 먼저 하나님께 순종의 본을 보여야 합니다.

설교자가 설교자적 기도를 하지 않는다면 설교는 하나님과의 교제 없이 자신의 생각을 말로 표현하는 것에 불과합니다. 설교자는 설교를 위한 성경본문을 정하는 시점부터 설교 작성이 끝나는 순간까지 하나님께 메여 지내야 합니다.

둘째, 설교자적 기도는 설교 작성을 마쳤다고 끝나는 것이 아닙니다. 설교하기 전까지 설교자는 설교를 통해 성도가 변화되도록 하나님께 간곡히 간구해야 합니다. 그리고 설교자는 설교를 하기 위해 설교단에 오르기 전, 하나님 앞에 머리를 숙여야 합니다. 설교자는 설교단에 오르기 전, 하나님께 무엇을 기도해야 할까요?

설교 준비의 부족함, 설교자의 연약함, 하나님의 은혜가 말씀을 통해 전달되도록, 아무튼 설교자는 기도를 통해 하나님께 쏟아내야 합니다.

저는 설교단에 오르기 전, 하나님께 이렇게 기도합니다. "하나님, 부족한 제가 하나님의 칼인 말씀을 들고 설교단 위에 섭니다. 하나님의 말씀의 칼로 죄된 본성을 지닌 사람들의 더러운 부분을 도려내십시오. 그리고 설교를 통해 새로운 살이 돋게 하십시오. 하나님의 말씀인 칼을 가지고 제가 설교단에 오를 때, 완악했던 자들이 쓰러져 하나님을 찾는 일이 일어나게 하십시오..." 당신은 설교자로서 설교단에 오르기 전 어떤 기도를 하십니까?

셋째, 설교자는 설교단에서 내려오는 순간, 먼저 자신이 하나님 앞에 철저히 준비하지 못해 하나님의 말씀을 온전히 전하기 못한 것에

제7장 당신은 설교자적 기도가 무엇인지 아십니까?

대하여 통곡해야 합니다. 연약한 인간이지라 설교자는 최선을 다해 설교를 준비했어도 설교를 끝마치면 언제나 아쉬움과 부끄러움만 남습니다.

이 때, 하나님께 자신의 연약함을 토설해야 설교자로서 정직한 겁니다. 그리고 부족한 하나님의 말씀이지만 성도들의 마음 밭에 온전히 심어져서 30배 60배 100배의 결실이 맺어지도록 기도해야 합니다.

씨를 뿌린 자는 설교자이지만 자라게 하시는 분은 하나님이시기 때문입니다. 그리고 예배 가운데 불신자가 있다면 하나님의 말씀을 듣고 회심하는 일이 일어나도록 기도해야 합니다.

예배는 성도만 드리는 것이 아니라, 불신자가 함께 있을 수 있기 때문입니다. 그리고 성도라 착각하며 살아가는 유사 기독교인도 있을 수 있기에 회심을 위한 기도는 반드시 필요합니다.

8

성도들은 왜 설교를 외면할까요?

8.

성도들은 왜 설교를 외면할까요?

한국 교회의 목회 현장은 엄청난 변화를 겪고 있습니다. 성도는 시대의 사조들의 영향으로 인하여 주일에 한 번 교회에 출석하는 것조차 싫어하는 경우도 발생하고 있습니다. 그리고 시대의 변화를 읽지 못한 교회는 여전히 기존의 방식을 고수하기에 성도의 마음을 사로잡지 못하는 실정입니다. 게다가 작금의 한국 교회와 목회자의 신뢰도는 회복의 기미가 보이지 않습니다. 그러므로 교회의 설교는 더 이상 하나님의 말씀이 아니라, 목사의 잔소리나 거짓말로 들릴 뿐입니다. 도대체 어떤 문제들이 성도의 마음을 이렇게 요동치게 했을까요?

첫째, 초 미디어 시대로 인하여 한국 사회에는 급격한 커뮤니케이션의 변화가 일어났기 때문입니다. 한국만큼 빠르게 커뮤니케이션의 변화를 경험한 국가도 드뭅니다. 왜냐하면 "한국은 OECD의 가구 초고속인터넷 보급률 1위, 브로드밴드 보급률 1위 등 전 세계에서 인터넷 강국이기 때문입니다. 특히, 스마트 폰은 대중화되어, 소셜 미디어의 활용이 보편화되었습니다. 이러한 초 미디어는 한국 사회에 속한 사람들의 사고방식과 종교생활에도 막대한 영향을 미칠 수밖에 없습니다."[112] 이러한 대중 매체의 발전은 한 방향 커뮤니케이션에서 상호 작용의 양방향 커뮤니케이션을 거쳐, 이제는 교류적 커뮤니케이션으로 사회 환경을 변화시켰습니다. 예전에는 발신자의 지식과 정보를 수신자는 수동적으로 받아드려야만 했습니다. 지금은 발신자와 수신자라는 개념이 사라졌습니다. 왜냐하면 미디어 세상 속에는 막대한 자료들과 정보들이 넘쳐나기에 발신자와 수신자는 모두 자신의 지식과 정보를 교류하는 커뮤니케이션 모습으로 변했기 때문입니다. 즉, 발신자만 지식과 정보를 메시지화 시키는 것이 아니라, 이제는 수신자도 지식과 정보를 보다 적극적으로 메시지화 시킨 후, 교류를 시도합니다. 그리고 교류가 끝난 후, 소통의 결과를 도출합니다.[113]

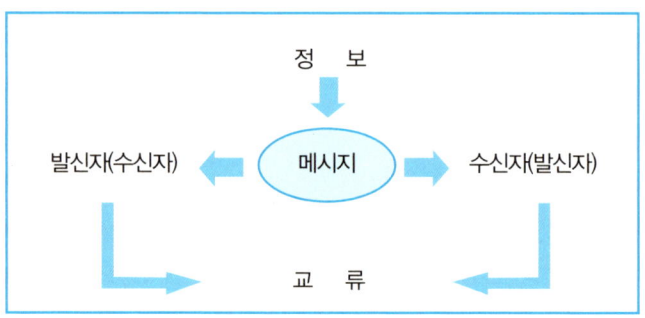

초 미디어 사회의 현상은 자연스럽게 기독교 설교 현장에 변화를 요구합니다. 그리고 성도는 더 이상 수동적인 자세가 아닌, 능동적인 자세를 갖고 초 미디어 사회의 다양한 소통망을 통해 설교를 이해하고 있습니다.[114] 그러나 초 미디어 사회에 노출된 엄청난 정보들이 과연 신앙생활, 특별히 설교를 통한 성경 묵상에 도움이 될까요? 데이비스(Davis)는 정보 홍수 시대로 인하여 설교를 통한 성경 묵상에 어떤 문제가 발생했는지 자세히 설명합니다.

> 정보의 홍수 때문에 우리가 성경을 읽는 방식에도 중요한 변화를 요구되고, 성경을 천천히 여유있게 묵상하면서 읽는 것이 더더욱 중요해졌다. 현대 정보기술은 어떤 면에서 우리의 삶을 더 편리하게 해 주고, 정보에 대

한 접근성을 엄청나게 증가시킨 반면, 우리를 산만하게 하고 주의를 흩트리며 즉각적인 반응을 요구하는 메시지의 홍수로 인한 스트레스 레벨을 증가시킬 수 있다.… 인터넷 환경이 '단편적인 독서, 성급하고 산만한 사고, 그리고 피상적인 학습'을 부추긴다고 주장한다.[115]

정보의 홍수는 정보의 가치와 진실을 구별하기 어렵게 만듭니다. 그리고 성도가 이런 것들을 선별하는데 어려움을 겪을 수 밖에 없습니다. 물론 초 미디어 사회는 분명히 전통적으로 제시된 설교를 통한 성경 묵상의 방법에 변화를 요구합니다. 그러나 성도들에게 다원주의와 상대주의 의식을 더 충실히 기억하도록 만들어 버렸습니다.

둘째, 초 미디어 사회는 한국 사회와 교회의 윤리적 부재와 해이 현상을 폭로했습니다. 초 미디어 사회는 비밀을 폭로하는 문화를 한국 사회에 심어줬습니다. 미디어의 발전은 정보의 공유뿐 아니라, 사실 여부와 상관없이 드러내는데 주안점을 두기 시작합니다. 그리고 폭로는 소셜 미디어를 활용하여 파급효과를 극대화시킵니다.[116]

소셜 미디어는 사용자들간 의견이나 정보를 공유하는 온라인 기반의 미디어로서 블로그, 페이스북, 트위터, 싸이월드, 유튜브 등이 여기에 속한다. SNS는 Social Network Service의 약자로서 1인 미디어, 1인 커뮤니티를 중심으로 친국, 동료 및 기타 지인 등을 연결시켜주는 소셜 미디어는 누구나 쉽게 자신의 의견을 내놓을 수 있는 공간이다. 여기에 1인인 나와 맺어진 사람 중에서 내 의견에 공감하는 사람이 있고 이는 이를 자발적으로 또 다른 지인에게 알려준다면 해당 콘텐츠는 인적 네트워크를 타고 빠른 시간에 많은 사람에게 퍼져나가게 된다. 소셜 미디어와 이에 기반한 네트워크 서비스의 강한 파급력은 좁게는 개인의 일상 기록에서부터 넓게는 기업, 그리고 정치에서까지 중요한 커뮤니케이션 수단으로 자리매김하게 하는 힘이 되고 있다.[117]

그리고 초 미디어는 다음과 같이 한국 교회의 추락을 강력하게 이끌어 갔습니다.

> 한국 개신교를 대표할 능력이나 자격을 갖추지 못한 소수의 목회자들과 설교자들이 화려한 뉴스거리를 쫓아다니는 왜곡된 언론구조 때문에 마치 10만여 명의 한국교회 전체 목회자와 설교자들을 대변하는 것처럼 비춰 지고 있다는 점이다.... 하지만 자극적이고 폭발적인 흥미를 끌만한 기사를 찾는 언론은 이렇게 예외적으로 발생하거나 또는 국지적인 차원에서 발생하는 부정적인 사건들이 마치 한국교회 전체에서 발생하는 것처럼 또는 한국교회의 모든 목회자들에게도 동일하게 해당되는 사건인 것처럼 보도한다. [118]

실제, 한국 교회의 어려움은 '기독교윤리실천운동' 의 '2013년 한국 교회의 사회적 여론조사 신뢰도' [119] 에 대한 조사를 통하여 여실히 드러났습니다. 이 여론조사에 따르면, 2013년도 한국 사회에서 한국 교회의 신뢰도는 19.4%에 불과합니다. 다시 말해, 한국 성인 10명 중 2명 미만의 경우만 한국 교회를 신뢰했습니다. 또한 주요 종교들의 신뢰도 가운데 기독교는 21.3%로 최하위를 차지했습니다. 한국 사회에서 한국 교회를 신뢰하지 못하는 이유는 언행불일치(14.2%), 부의 축적(13.9%), 모범이 되지 않는 삶(13.3%), 도덕적 윤리적 문제(12.7%), 교회세습(8.3%)로 모두 한국 교회의 윤리적 부재와 연관성이 있습니다. [120] 또한 충격적인 조사 결과 중 하나는 한국 교회의 성도들 중 무려 44.6%가 한국 교회를 신뢰할 수 없다고 응답했습니다.

다시 말해, 한국 기독교인의 약 절반이 자신이 몸담고 있는 한국 교회를 신뢰하지 않은 상태에서 신앙생활을 지속하고 있습니다. 그러므로 교회에서 전파되는 설교와 가르침이 교회와 목회자의 윤리 부재와 결부되어 세상 가운데 조롱거리가 되었습니다. 그 결과, 성도는 설교자의 설교에 더 이상 소망을 품지 않습니다. 설교자의 인격이 동반되지 않는 설교는 거짓에 불과합니다.

셋째, 설교 현장은 소비주의에 의하여 몸살을 앓고 있습니다.[121] 예배는 성도의 삶을 형성하고 변화시킵니다. 왜냐하면 예배란 하나님과 백성간의 대화로서 상호 교환이 일어나기 때문입니다.[122] 인간은 다른 피조물과 달리, 어떤 목적을 위해 일정하게 반복할 때, 행동 규칙을 만듭니다. 그리고 인간은 배움과 노력을 통해 공동체를 형성하며 발전하는 존재입니다. 그러므로 우리가 예수를 믿음으로 구원을 얻지만, 어떤 목적에 따라 일정하게 반복된 행동 규칙에 의하여 신앙은 형성되어 갑니다. 다른 말로 표현한다면, 성도는 예배(생활 예배)를 통해 성경을 다양한 방식으로 일정하게 반복하며 묵상함으로 신앙을 형성해 나갑니다. 그리고 그들의 삶 가운데 일정한 영적 리듬을 만들어 냅니다.

그러나 세상은 소비주의 리듬으로 성도의 영적 리듬을 파괴하고 있습니다. 왜 우리가 다양한 하나님과 교제하지 못할까요? 그것은 세상의 소비주의 리듬이 우리를 분주하게, 그리고 탐욕스럽게 만들기 때문입니다. 이미 우리는 소비주의 리듬에 너무나 익숙하여 오히려 영적 리듬이 낯설게 느껴지기도 합니다. 솔직하게 성도가 일주일 중 6일 동안을 소비주의 리듬에 맞춰 살다가 주일 하루, 그것도 예배 1시간 정도만 영적 리듬을 경험하는데, 과연 삶의 변화가 일어날 수 있을까요? 그러므로 드첸트(deChant)는 현대의 그리스도인이 두 가지의 시간 리듬 둘 중 하나를 선택하는 것이 현재 성도의 모습이라 주장합니다.[123]

성도는 영적 리듬을 좇아 살기 어렵습니다. 심지어 소비주의 리듬을 경계해야 할 목회자마저 소비자인 성도가 왕이기에 그들의 생활 리듬에 춤을 함께 추고 있습니다. 왜냐하면 목회자가 누구이며, 직무가 무엇인지를 망각한 채, 시대의 사조와 소비자인 성도의 구미를 맞추고자 흥미 위주의 문화를 예배와 설교에 접목시켰기 때문입니다. 즉, 소비주의 시대에 목회자마저 고객인 성도를 만족시키기 위하여 소비주의 리듬을 따르고 있습니다.[124] 그렇다면 성도는 6일 동안 소비주의 리듬을 따르고, 단 하루 영적 리듬을 추구하는 것이 아니라, 7일 동안 소비주의 리듬을 따라 살고 있다고 평해야 할 것입니다. 단지 장소가 가정, 직장, 교회 등으로만 바뀔 뿐입니다. 그렇다면 성도를 위하여 소비주의의 리듬을 단절시키거나, 다시 영적 리듬을 추구할 수 있는 그 무엇인가가 필요합니다.

9

당신은 성도를 위해
어떤 설교 계획을
설계하고 계신가요?

9.

당신은 성도를 위해 어떤 설교 계획을 설계하고 계신가요?

한교회를 돌보는 목회자는 이런 엄청난 설교 현장의 변화에 어떻게 대처해야 할까요? 성도에게 어떤 방식으로 설교를 통한 성경 묵상을 가르치며 거룩한 습관을 길러줄 수 있을까요? 혹시 한 주간 동안 성도가 한 몸을 이룬 목회자의 설교를 반복적으로 기억하거나 청취하면서 신앙 성숙을 형성할 수 없을까요?

1. 주일에 정해진 예배와 성경공부(소그룹) 모임의 순서를 바꾸면 어떨까요?

일반적으로 목회자는 설교를 한 후, 성경공부(소그룹) 모임을 진행합니다. 목회자는 주일 설교와 성경공부(소그룹) 모임의 방향성에 대하여 고민합니다.

첫째, 설교의 주제와 성경공부의 주제가 다를 수 있습니다. 목회자는 주일이라는 짧은 시간동안 성도에게 다양한 신학(양)적인 내용을 가르치거나 나누고 싶어 합니다. 그렇기에 교재를 달리 준비하여 오후(저녁)에 모든 성도와 혹은 소그룹 형태로 진행합니다.

둘째, 목회자가 주일에 할 설교 내용을 요약하거나 정리한 후, 간단한 질문들의 형태로 성경공부 교재를 만드는 경우가 있습니다. 그러나 목회자가 한 가지 간과한 것은 바로 성도의 마음 상태를 무시하고 있다는 점입니다. 교회에 도착하기까지 성도의 상황은 어떨까요? 이미 지역 교회를 탈피한지 한국 교회는 오래 되었습니다.

다시 말해, 성도가 가족을 데리고 예배를 드리기 위해 교회로 출발할 때부터, 이미 분주합니다. 그리고 교통체증으로 인하여 마음까지 불편합니다. 심지어 소비주의에 빠져 토요일 밤까지 유흥을 즐기다가 졸린 눈을 비비며 교회에 도착했을지 모릅니다. 과연 성도가 이러한 마음 상태로 설교 내용을 제대로 이해할 수 있을까요? 피터스(Pieterse)는 "교회 예배에 출석하는 사람들 가운데 2/3가 설교의 중심 주제를 표현하지 못하고 있다"[125]고 지적합니다.

심지어 성도는 대중매체를 통하여 이미 목회자의 언행에 대하여 부정적인 시각을 가지고 있을지 모릅니다. 그 결과, 성도의 신학(앙)적 견해와 설교자의 견해가 설교 중에 무언으로 대립한다면 설교가 과연 그 기능을 제대로 발휘할 수 있을까요? 그러므로 우리는 주일에 행하게 될 설교, 성경공부, 그리고 소그룹 나눔 모임의 순서를 다음과 같이 과감하게 변화시킬 필요가 있습니다.

(1) 예배 시작 전, 40분에서 1시간 정도 간단한 다과(식사, 음료 등)와 함께 설교 내용을 질문의 형태로 만든 성경 공부 교재를 활용하여 소그룹으로 대화하며 나누면 어떨까요?
성도는 무늬만 기독교일 수 있으나, 6일 내내 고단한 삶을 살아냈습니다. 그리고 주일 아침 서둘러 교회에 와서 예배드리는 것도 쉽지 않습니다. 또한 대중 매체를 통해 올바르지 못한 신학지식과 목회자를 향한 불편한 감정이 있다면 어떨까요? 성도에게는 설교를 듣기 전, 준비 시간이 필요합니다. 어떤 준비 시간인가요?

첫째, 6일 내내 소비주의 리듬에 익숙한 영혼과 육체를 교회의 영적 리들을 적응할 수 있도록 시간이 필요합니다.

 이미 익숙해진 리듬을 포기하고 다른 리듬을 선택하는 건, 마음으로는 한 번에 결정할 수 있으나, 몸은 적응하기 위해서는 절대적인 시간이 필요합니다. 성도가 예배 시작 전에 교회에 도착하는 것도 결코 쉽지 않습니다. 오죽하면 교회 현관 앞에 예배 '10분에 도착'이란 포스터가 붙어 있고, '예배 10분 전 캠페인 송'이 있을까요?

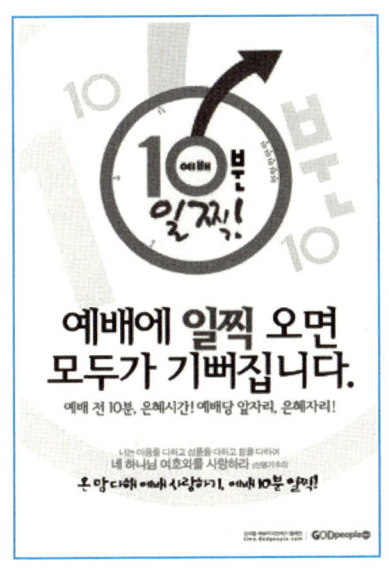

 둘째, 오늘 설교 본문에 관한 전반적인 이해를 갖출 시간이 필요합니다. 물론 요즘은 교회 홈페이지를 통해 다음 주일을 위한 설교 본문과 제목을 확인할 수 있습니다. 그리고 성도는 설교 본문을 미리 묵상함으로 설교를 들을 준비를 갖추고 예배에 참석할 수도 있습니다. 그러나 극소수의 성도만이 이런 신앙의 자태를 취할 것입니다.

 그러므로 성도가 만일 설교를 위한 성경 본문에 대하여 약간의 지식을 얻을 수만 있다면, 설교를 집중해서 듣고, 사색하며 묵상의 기회로 얻을 수 있습니다.

목회자는 다소 부담을 느낄 수 있으나, 자신의 설교를 성경공부 교재로 만들어야 합니다. 그러나 이것은 결코 어렵지 않습니다. 왜냐하면 설교자는 설교를 작성하기 전, 성경 본문을 귀납적인 방법으로 묵상하고 연구하기 때문입니다.[126]

다시 말해, 설교자는 귀납적인 방법으로 성경 본문의 묵상하는데, 성경 본문을 향하여 수많은 질문들이 발생합니다. 그리고 설교자는 성경 본문이 지닌 단어 사이와 절 사이의 행간의 의미를 추적하여 자신이 표현할 수 있는 쉬운 말로 성경 본문의 내용을 재진술합니다.

그러므로 목회자가 성경 본문을 설교하기 위해 묵상하면서 얻을 통찰력 있는 몇 가지 질문들을 한 장 정도로 구성하여 얼마든지 교재를 만들 수 있습니다. 물론 인도자가 소그룹을 인도하는 경우, 목회자는 소그룹 인도자들과 함께 미리 설교 내용을 가지고 성경공부를 해야만 합니다.

아무튼 이 과정에서 성도는 몰랐던 성경 본문의 지식을 간략하게나마 깨달을 수 있습니다. 효과적인 설교를 위해서는 반드시 설교자와 성도가 설교 본문에 관한 공통적인 준거틀(frame of reference)이 필요하다는 사실을 기억합시다.[127]

(2) 성도는 첨언이 담긴 깊은 설교를 들으면서 설교 내용을 간략히 요약할 수 있는 질문지가 필요합니다. 예배 전에 성도들은 설교를 듣기 전, 사전 성경공부를 통하여 성경 본문에 관한 지식을 얻었습니다. 그리고 설교를 듣는다면 분명 도움이 될 것입니다. 그러나 설교자는 성경 공부를 통해 전한 내용을 설교 시간에 그대로 재탕할 수 없습니다. 성경공부와 달리 보다 깊은 설교 내용이 필요합니다.

왜냐하면 설교는 청중이 이미 아는 것과 모르는 것을 함께 제공해야 하기 때문입니다. 다시 말해 이미 아는 것은 더 확실하게 해주고, 아직 모르는 새로운 것은 충분히 이해할 수 있도록 해줘야 합니다.[128]

첫째, 설교자는 설교 작성에서 반드시 첨언해야 합니다. 첨언은 우리 일상의 말들을 완곡하게 혹은 부연적으로 사용하며[129] 성경의 내용을 깊이 있게 다루면서 성도의 이해를 돕는 걸 의미합니다. 또한 설교의 첨언은 설교의 잉여성, 즉 설교 내용을 깊은 차원에서 반복하여 흘러넘치게 한다는 의미도 갖고 있습니다. 그러므로 첨언의 유무에 따라 설교 형태는 다음 그림처럼 달라질 것입니다.[130]

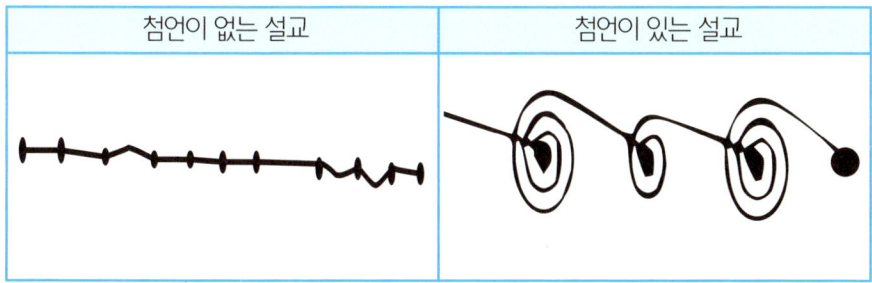

첨언이 포함된 설교는 성도로 하여금 설교를 통해 성경 묵상을 보다 깊이 할 수 있도록 유도합니다. 그리고 깊이 있는 설교를 위한 첨언은 변증적인 성격을 취합니다.

한 발 더 나아가 성도들 가운데 왜곡된 신앙 지식이나 신앙의 자세를 바르게 잡아주기 위해 설명하는 것도 의미합니다. 왜냐하면 작금의 성도는 대중매체를 통해 왜곡한 신학지식을 습득할 수 있기 때문입니다. 그리고 성도가 다양한 방법을 통해 말씀을 묵상했지만 주관적일 수 있습니다. 그러므로 설교자는 설교의 첨언을 통한 변증으로 성도의 생각을 바르게 잡아주는 계기로 삼을 수 있습니다.

둘째, 성도에게 깊이 있는 설교(첨언이 포함된)를 들으면서 내용을 간략히 정리하고 자신의 삶에 적용할 수 있는 질문지가 필요합니다.[131] 현재 성도는 예배 전에 간단한 모임에서 다과와 함께 성경 본문에 대한 사전 지식을 어느 정도 구축하며 교제했습니다. 그리고 교회의 영적 리듬에 서서히 몸을 맡깁니다.

이제 성도는 설교자의 첨언이 포함된 깊이 있는 설교를 들으면서 자신이 예배 전에 함께 나눴던 성경공부를 떠올릴 것입니다. 오히려 설교에 집중하고 사색하며 자신의 삶에 적용시키기 위해 부단히 애를 씁니다. 그러나 생각처럼 그리 쉽지 않습니다. 그러므로 성도에게 설교를 들으면서 기록하거나 자신에게 구체적으로 적용할 수 있는 탁월한 질문지가 있다면 어떨까요? 저는 성도들이 쉽게 설교 내용을 정리하며 적용할 수 있는 한 방법을 다음과 같이 제시하고자 합니다. [132]

설교 기록		
성경본문:	설교자:	일시:
설교의 첫인상	설교에서 당신은 처음에 어떤 것을 즉각적으로 경험했는가?(예: 위로, 죄책감, 기쁨, 무기력, 절망, 성급함, 지루함 등)	
(삼위일체) 하나님	1. 설교는 하나님에 관하여 무슨 말을 했는가?(예: 창조주, 계시자, 심판자, 정죄자, 구원자, 모범, 인생의 문제 해결자, 피난처, 아빠, 엄마, 보호자 등) 2. 설교에서 당신은 하나님의 복음에 관하여 당신의 현재 상황에 적용할 만한 어떤 내용을 들었는가?(예: 약속이나 좋은 소식 등)	
성도	1. 긍정: 설교에서 성도의 어떤 이미지가 분명하게 부각되는가?(예: 주께 부름받은 자, 거룩한 성도, 깨달음을 얻은 성도 등) 2. 부정: 설교에서 성도의 어떤 문제점이나 죄를 전제하거나 들춰내는가?(예: 불확실성, 기도 부족, 무관심, 불순종 등)	
소명	1. 설교자는 성도의 입장에서 우리에게 어떤 소명을 제시하는가?(예: 신앙, 소망, 사랑, 헌신, 기도, 봉사 등) 2. 우리는 이 소명을 어떻게 실천할 수 있는가?(예: 봉사, 일상의 삶의 충성, 결혼, 이웃과의 사랑 등)	
요약	1. 설교의 핵심이라는 생각되는 내용을 자신의 말로 표현해봐라. 2. 설교가 당신의 삶을 어떻게 변화시키겠는가?(변화시킬 것이라 기대하는가?) 3. 설교에서 당신이 이해할 수 없는 부분은 무엇인가?	

(3) 소그룹(구역 모임 등) 별로 위의 질문지에 답은 한 것을 가지고 주일 오후(저녁)에 다시 모여, 아니면 주중에 모여 설교 내용을 묵상하고 교제한 후, 잠시나마 기도 시간을 갖는다면 어떨까요? 소그룹(그룹 모임 등)에서 각 개인마다 기록한 것을 가지고 대화하며 교제해야 합니다.

이제는 성도는 보다 분명하게 깊이 있는 설교를 들었기 때문에, 성도 간의 깊은 교제도 가능할 겁니다. 그리고 성도간의 대화를 통해 자신이 설교가운데 오해했거나 이해하지 못했던 것을 분명히 깨닫는 효과도 얻을 수 있습니다. 설교적 대화란 하나님과 백성 사이만을 의미하지 않습니다. 신자들 간의 관계에서도 하나님의 말씀은 대화의 교도부가 될 수 있습니다.[133]

2. 한 주간 있을 다른 예배에서 주일에 했던 설교 주제를 다시 설교하면 반복하는 건 어떨까요?

주일에만 설교자는 설교하지 않습니다. 수요예배(기도회) 혹은 금요예배(기도회)를 위해서도 설교를 준비합니다.

일반적으로 설교자는 자신의 연간 계획이나 월간 계획을 설정한 후, 여러 예배(주일, 수요일, 금요일)에서 다양한 신앙(학)적인 주제들로 설교하고 싶어 하는 욕망을 갖고 있습니다. 그러나 만일 지난 주일에 했던 설교 주제를 반복하여 다시 한다면 어떨까요? 과연 성도들은 주일에 들었던 설교를 통해 끊임없이 성경을 묵상하고 있을까요? 아니면 이미 성도의 뇌리에서 잊혀 졌을까요? 이런 상황에서 다른 주제로 설교하는 것이 성도에게 신앙적인 득이 될까요?

성도는 주일에 예배 전의 성경공부를 통한 성경 본문 지식 습득, 예배 중의 첨언을 통한 깊이 있는 설교, 그리고 예배 후, 자신이 기록한 설교 중심내용과 적용들을 가지고 교제하며 성경을 묵상했습니다. 그리고 목회자는 성도들로부터 설교 피드백을 받은 후, 성도들의 인식 여부를 판가름했습니다.

그렇다면 목회자는 수요일과 금요일에 다시 한 번 주일의 설교 주제를 반복하여 설교함으로 성도들에게 주일에 경험한 은혜를 되살려줄 필요가 있지 않을까요?

물론 주일의 성경 본문과 설교를 동일하게 활용하지 말고 다른 형태로 동일한 설교 주제를 성도에게 설교하면 안될까요? 목회자는 연간 계획 혹은 월간 계획에 따라 설교 본문과 제목을 설정합니다. 결국, 목회자는 자신의 목회 계획을 설교를 통해 달성하고자 합니다.[134]

그렇기에 설교도 책별 연속 설교, 시리즈 설교, 교리문답이나 신앙고백서 설교, 주제 설교 등 다양한 형태를 취합니다. 물론 일반적으로 어느 교회든 주일, 수요일, 금요일, 새벽기도회의 설교 본문과 제목이 판이합니다. 그러나 목회자가 다양한 성경본문과 설교 형태를 취하면서도 한 주간의 설교의 주제가 동일한 것이 어떤 유익을 줄 수 있는지 생각하지 못했던 것 같습니다.

그렇다면 한 주간에 있을 주일, 수요일, 금요 예배를 동일한 설교 주제로 다양한 형태를 취하면서 어떻게 할 수 있을까요? 다음과 같은 예들 들어보고자 합니다.

	주일예배	수요 예배(기도회)	금요 예배(기도회)
설교형태	책별 연속 설교	하이델베르크 요리문답 설교	인물 설교
설교형태	고후 1:1~11 참된 위로의 하나님	제1 문답: 생사 간에 당신의 유일한 위로는 무엇인가? 생각 간의 나의 유일한 위로는 내가 자신의 것이 아니라… 구주 예수 그리스도께 속한다는 것입니다…	시 23편 다윗의 시 참된 위로자이신 나의 목자

물론 목회자는 다양한 형태로 유익할 설교 주제를 반복할 수 있습니다. 그리고 주일에 했던 예화나 설명들을 수요예배(기도회)와 금요 예배(기도회)에 활용할 수 있습니다. 그러나 수요일과 금요일의 예배 때의 설교 본문과 설교 형태는 차이가 있으므로(설교 제목은 설교 주제가 동일하기에 유사할 수 있다.) 반드시 설교자의 첨언이 색다르게 첨가되어야 합니다.

성도는 이미 주일에 들었던 설교 주제를 깊이 있게 반복됨으로 아는 것을 분명하게, 몰랐던 것과 오해했던 것들이 선명합니다. 그리고 성도가 설교 주제를 잊을만하면 반복되어 기억을 떠올리게 됩니다. 아무튼 성도는 주일 예배를 시작으로 금요 예배(기도회)까지 하나의 신학(앙) 주제를 전달하는 설교를 통하여 입체적으로 깊이 있게 성경을 묵상하는 효과를 다음과 같이 얻게 됩니다.

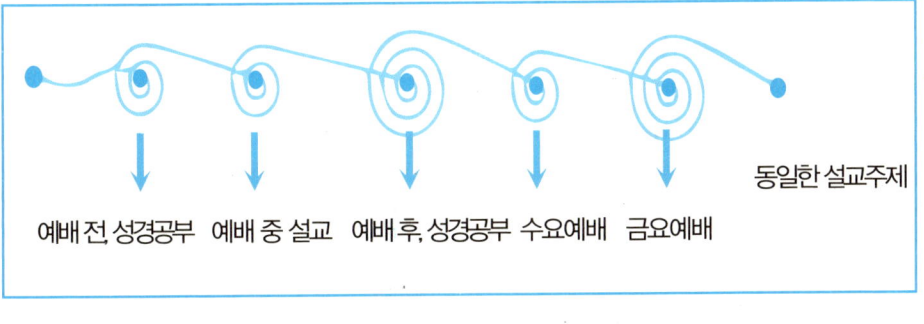

3. 매일 밤, 성도가 경건 일기를 쓸 수 있다면 어떨까요?

성도는 한 주간 설교를 통한 성경 묵상을 유지하면서 반드시 지켜야 할 것이 있습니다. 바로 매일 밤 경건 일기를 쓰는 것과 성도가 누구인지 자각하는 일입니다.

첫째, 성도는 매일 밤, 잠자리에 들기 전, 신앙인으로 하루를 살아냈는지 경건 일기를 써야 합니다. 이 경건 일기는 신앙 성찰의 또 다른 형태로 하루 동안에 있었던 일을 묵상으로 마무리하게 합니다. 그리고 경건 일기를 가리켜 개신교의 고해 제도라 불렀습니다. 그러므로 이 경건 일기를 통해 성도는 자신의 내, 외적인 삶에 일어난 일들을 기록하며 자신의 점검했습니다.[135]

앞서 동일한 설교 주제를 한 주간 반복하여 성도는 듣고 묵상했습니다. 그리고 묵상하고 끝내는 것이 아니라, 하루를 마무리하면서 어떻게 설교를 통한 성경 묵상이 효과적으로 적용되었는지, 반성해야 할 건 무엇인지 일기로 남길 필요가 있습니다.

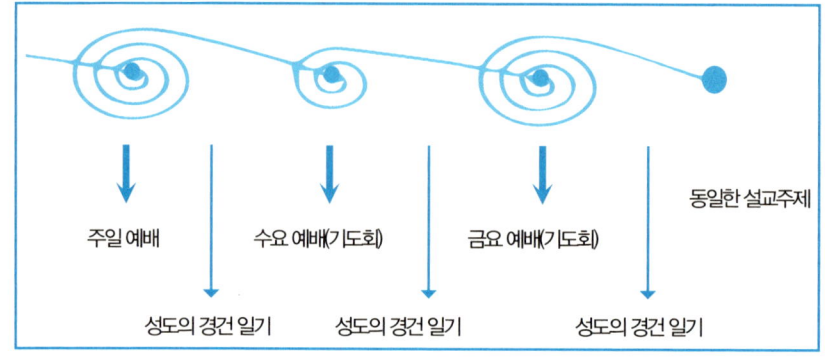

둘째, 경건 일기를 쓰면서 동시에 성도는 자신이 누구인가를 계속 자각해야 합니다. 아무리 설교를 통해 성경을 묵상한다 할지라도 성도의 정체성을 인식하지 못한다면 신앙 성숙은 언제나 좌절할 수 밖

에 없습니다. 성도의 정체성이 성도의 윤리적 삶을 이끌어 갑니다. 성도의 윤리적 행함이나 촉구를 요구하기 전, 성도가 자신들의 정체성을 이해할 수만 있다면, 신앙인의 삶을 큰 그림으로 그릴 수 있게 됩니다.

그러므로 목회자가 성도에게 "윤리적 행함"을 요구하기 이전에 그들에게 '과연 성도가 누구인가?'를 깨닫도록 해야 합니다. 더 나아가 성도의 정체성을 깨달은 성도는 점차 예수 그리스도의 삶과 가르침을 본받아 닮으려는 자세, 세상에서 예수 그리스도가 가르치신 빛과 소금의 모습을 삶에 투영시키려 노력할 것입니다.

10

당신은 설교자로서 역할을 충실히
수행하고 있으신가요?

10.

당신은 설교자로서 역할을 충실히 수행하고 있으신가요?

아무리 분주한 성도라도 누구나 예배 가운데 설교를 통한 성경 묵상은 싫든 좋든 의무적으로 실천합니다. 왜냐하면 상당수의 성도들은 주일에 '예배를 드리러 교회에 간다' 라고 하지 않고 '설교 들으러 교회에 간다' 라고 말하기 때문입니다.[136]

그러므로 성도는 아무리 바쁜 일상의 삶을 살아간다 하더라도, 특별한 경우를 제외하고는 주일날 교회에서 하나님의 말씀을 경청하며 묵상합니다.

이런 점에서 목회자들은 다른 성경 묵상 방법들보다 예배 가운데 설교를 통한 성경 묵상의 가치나 활용에 관하여 각별히 연구할 필요가 있습니다. 한국 교회에서 설교만큼 중요성이 부각되는 것은 없습니다.

2007년도에 「목회와 신학」과 「글로벌리서치」는 90개 문항으로 구성된 설문지를 갖고 설문 조사를 실시했습니다.[137]

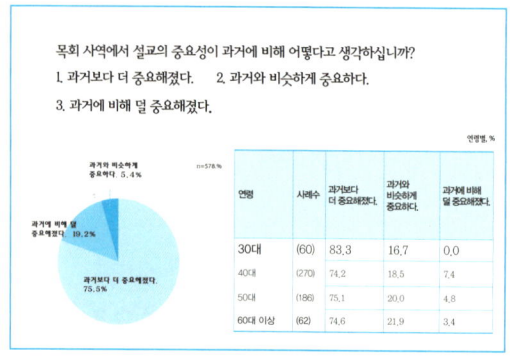 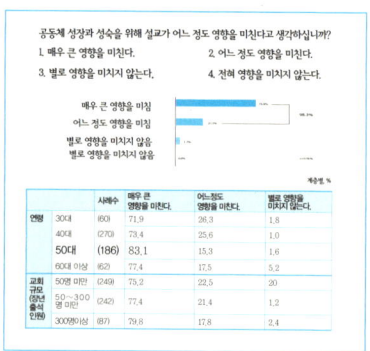

과거보다 한국 교회의 현재 목회자들은 목회 사역에 있어서 설교의 중요성을 전반적으로 인정하고 있습니다. 그리고 30대의 젊은 목회자들일수록 설교의 중요성을 더 깊이 인식하고 있습니다. 왜냐하면 설교가 교회 공동체의 성장과 성숙에 영향을 미치기 때문입니다.

그러나 당신은 과연 설교자로서 충실히 자신의 역할을 다하고 계십니까? "마치 호랑이에게 주는 생고기를 회중에게 던져 주는 것"[138] 같이 성도에게 설교 내용의 이해 수준과 설교를 통한 성경 묵상을 그들의 책임으로만 떠 넘기도 있지 않습니까? 모든 설교자는 실리에 (Cilliers)의 조언을 귀담아 들어야 합니다.

> 성경 본문은 설교자의 전유물이 아니다.... 성경 본문은 설교자 개인이 아니라, 회중 전체에게 속한 것이기 때문에, 모든 회중이 '우리가 하나님의 음성을 들었노라' 고 동의할 때까지... 전달되어야 한다. 설교하는 것은 강단에서 신학적인 독재자나 날개 달린 웅변가, 또는 교회 바깥에서나 회중과 전혀 다른 차원을 살아가는 거룩한 금욕주의자가 되는 것이 아니라, 성경 본문 주변에 모인 회중과 함께 의견의 일치점을 발견하는 것에 더 가깝다. 왜냐하면 '하나님의 말씀은 하나님의 백성들과 결코 분리될 수 없기' 때문이다.[139]

설교자와 청중은 교회 공동체에 속해 있습니다. 그리고 설교자와 청중은 신앙의 여정을 함께 떠난 동반자입니다. 그렇다면 설교자는 자신의 묵상의 결과물을 가지고 설교한 후, 설교가 끝났다고 생각하면 안됩니다. 설교자는 청중이 진정 설교를 이해했는지 확인해야 합니다. 그리고 성도가 스스로 설교를 듣고 성찰과 발전의 기회로 삼을 수 있는 사색의 과정을 준비해줘야 합니다.

즉, 성도가 설교 내용을 지속적으로 유지하고 계속 묵상할 수 있도록 설교자의 배려가 필요합니다. 그러므로 설교자는 먼저 설교에 대한 인식의 전환이 다음과 같이 필요합니다. "설교는 설교의 순간 그 자체로 시작하거나 종료되지 않는다.... 회중의 아멘은 설교의 끝이 아니라 오히려 새로운 시작이며, 회중 스스로가 복음을 기다리는 세상을 향하여 새로운 설교자로 나서야 한다.... 설교 준비 과정은 처음부터 끝까지, 즉 설교 준비부터 전달까지 그리고 설교 후속 파장에 이르기까지 항상 원칙적으로 회중과 함께 결정되어야 한다." [139]

그리고 이러한 설교는 성도들로 하여금 세상을 향하여 적극적으로 저항할 수 있도록 영양분을 제공할 것입니다.

제10장

당신은 설교자로서 역할을 충실히 수행하고 있으신가요?

미주

1) Thomas G. Long, The Witness of Preaching, 이우제·황의무 역, 『증언하는 설교』(서울: 기독교문서선교회, 2007), 30-31.
2) William G. T. Shedd, Homiletics and Pastoral Theology, (London: The Banner of Truth Trust, 1965), 93-94.
3) Cornelius Plantinga, Reading for Preaching, 오현미 역, 『설교자의 서재』(서울: 복있는 사람, 2014), 15.
4) Park Sungwhan, Ethical Preaching in Contemporary Korean Protestantism: A Critical Reflection, (Stellenbosch: Stellenbosch University, 2010), 162-172.
5) Charles L. Campbell, The Word before the power: An Ethic of preaching (Louisville: Westminster John Knox Press, 2002), 24-25.

6) 박목월, 『박목월 유고시집: 크고 부드러운 손』(서울: 민예원, 2003), 13-14.
7) Howard L. Rice, Reformed Spirituality: A Introduction for Believers, 황성철 역, 『개혁주의 영성』(서울: 기독교문서선교회, 1995), 121.
8) Howard L. Rice, 『개혁주의 영성』, 122-123.

9) '부흥과 개혁사' 출판사는 윌리엄 퍼킨스가 집필한 책들 가운데 『The Art of Prophesying』과 『The Calling of the Ministry』를 번역하여 한 권의 책, 『설교의 기술과 목사의 소명』으로 출판하였다.
William Perkins, The Art of Prophesying & The Calling of the Ministry, 채천석 역, 『설교의 기술과 목사의 소명』 (서울: 부흥과 개혁사, 2006), 37-38.

10) Alister E. McGrath, A Passion for Truth: The Intellectual Coherence of Evangelicalism, 김선일 역, 『복음주의와 기독교 지성』 (서울: IVP, 2001), 232-233.
11) 이승진, 『교회를 세우는 설교목회』(서울: CLC, 2013), 187.
12) John R. W. Stott, Preacher's Portrait, 채경락 역, 『설교자란 무엇인가』(서울: IVP, 2010),15.
13) Fred H. Klooster, A Mighty Comfort: The Christian Faith According to the Heidelberg Catechism, 이승구 역, 『하이델베르그 요리문답에 나타난 기독교 신앙』(서울: 여수룬, 1992), 139-144.
14) Brian Walsh & Sylvia Keesmaat, Colossians Remixed: Subverting The Empire, 홍병룡 역, 『제국과 천국』 (서울: IVP, 2011), 25.
15) 정창균, 『고정관념을 넘어서는 설교』(수원: 합동신학대학원출판부, 2002),115-119.

16) Sidney Greidanus, Sola Scriptura: Problems and Principles in Preaching History Texts, 권수경 역, 『구속사적 설교의 원리』(서울: 학생신앙운동, 1989), 33-35.
17) Marshall Mcluhan, Understanding of Media, 박정규 역, 『미디어의 이해』 (서울: 커뮤니케이션북스, 2001), 7.
18) 서서히 1960년부터 미국에서는 몇 몇의 설교학자들은 전통적 설교 방법인 연역적 설교의 문제점을 극복하기 위한 방법으로 설교의 전달에 하는 깊은 관심을 갖기 시작하였다. 그리고 이 관심은 미국 설교학계에서 하나로 운동(Movement)으로 발전함으로 지금까지 세계 설교학계의 한

축을 형성하고 있다. 그리고 신설교학 운동이 발전하고 성숙해진 시기에 신설교학이란 용어로 고착화되었다.

설교학계에서는 일반적으로 크레독(Craddock)이 권위 없는 자처럼(As One without Authority)를 통해 귀납적 설교를 강조함으로써 신설교학의 포문을 연 것으로 평가한다.

왜냐하면 크레독(Craddock)은 신설교학이 주장하는 신학적 근거의 당위성을 성경해석학, 언어학(커뮤니케이션 이론), 그리고 시대의 변화 등 광범위한 영역을 통하여 설교술의 변화의 필요성을 구체적으로 제시하였기 때문이다.

1980년 이후부터 신설교학은 전성기를 맞이한다. 왜냐하면 크레독(Craddock)의 귀납적 설교 방법론 이후, 신설교학 운동은 더 다채로운 꽃들을 피웠기 때문이다.

그 중 가장 탁월한 신설교학자들 중 한 사람으로서 로우리(Lowry)를 손꼽을 수 있다.

그는 이야기식 설교구성(the homiletical plot: The sermon as narrative art form), 신비의 가장자리에서 춤추는 설교(The Sermon: Dancing the Edge of Mystery) 등을 통해서 자신이 창조한 이야기식 설교라는 구체적인 설교 형식에 대하여 설명한다. 로우리(Lowry)의 아성에 못지않은 탁월한 신설교학자로 버틀릭(Buttrick)을 손꼽는다. 그에게 있어서 설교란 장면 또는 움직임이라 생각했다. 그리고 자신의 생각을 가지고 설교: 움직임과 구조(Homiletic: Moves and Structures)란 책을 출판한다.

버틀릭(Buttrick)은 로우리(Lowry)와 더불어 신설교학의 전성기를 이끈 주역이라 평가할 수 있다.

1990년대 후반부터 윌슨(Willson)이 네 페이지 설교 방법론을 소개함으로 기존의 신설교학의 계보를 이어가고 있다. 그는 설교를 마치 네 가지 영화의 장면들이나 웹페이지로 구성할 뿐 아니라, 영화나 웹페이지가 가지고 있는 말, 그림, 정보, 동영상을 제공하여 현대 사회 속에 살고 있는 성도들에게 더 쉽게 다가갈 수 있다고 생각했다.
왜 미국 안에서 신설교학은 거대한 태풍처럼 그 위력을 발휘하였을까? 1960년대부터 사람들은 본격적인 TV의 보급으로 인하여 기존 활자 인쇄물과 라디오를 통해 접했던 정보들을 더 쉽고, 빠르게, 그리고 정확하게 얻을 수 있게 되었다.

당시 상당수의 미국인들은 이미 영상의 발달에 노출되어 있었으며 교회의 출석을 거부하는 경우도 생겼는데 그 이유는 전통적인 설교방법이 지루할 뿐 아니라, 교회는 따분한 곳으로 생각했기 때문이다.
그러므로 설교자는 청중의 설교 청취 방법이 단순히 귀로 듣는 것이 아니라, 보는 것으로 바뀌면서 설교 사역의 어려움을 겪게 된다. TV의 보편적 보급으로 인하여 더 이상 청중은 수동적인 자세를 갖고 설교를 듣지 않았다. 오히려 설교 시간에 능동적으로 참여하는 역할을 하게 된다. 그러므로 설교가 더 이상 한 방향 커뮤니케이션이 아니라, 쌍방향(설교자와 청중) 커뮤니케이션의 변화를 추구하게 된다.

결국 TV의 보급은 시청자들에게 우선권을 주는 계기가 되었다. 이와 마찬가지로 설교를 듣는 결정권도 고스란히 청중의 마음에 달려있게 된다. 그러나 신설교학의 태동의 결정적 요인은 성경 해석학의 변화야말로 신설교학의 서막을 알리는 중요한 역할을 하였다.

다시 말해, 신설교학의 태동시기에 불트만(Bultmann)의 신학이 커다란 영향을 주었다. 물론 크래독(Craddock)은 불트만의 신학이 신약성경의 많은 부분을 난도질하는 것처럼 배제시키는 경향이 있다는 것을 알고 있었다.
그러나 그는 불트만(Bultmann)의 비신화화는 오늘날 청중들이 이해하며 살아가기 위한 실존의 문제였기 때문이다. 그러므로 크레독(Craddock)은 설교자가 설교를 통해 청중들을 위한 설교 내용이나 필요를 채워줄 때, 청중은 관심을 갖고 설교를 들을 것이라 생각하였다.
그리고 그는 설교가 청중들에게 감동을 줄 수 없다면 가치가 없는 것으로 판단했다. 이러한 불트만의 신학의 영향은 처음 메이어(Meyers)가 크레독(Craddock)에게 불트만의 신학을 전수해 주면서 시작되었다. 그러므로 레스너(Resner)는 신설교학을 가리켜 "메이어(Meyers)가 크레독(Craddock)에게 불트만(Bultmann)의 신학의 씨앗을 주어 북미 설교학계에 심은 것"으로 평가한다. 그 결과, 불트만(Bultmann)의 신학의 씨앗은 북미 설교학계에 아무 저항 없이 뿌리를 내리고 더 다양한 결실들을 (다양한 설교 형태에 관한 연구들) 맺게 된다. 그러나 신설교학과 같은 개인주의적이며 체험 위주의 설교는 커다란 문제점을 갖는다.

물론 설교자는 듣기를 거부하는 청중에게 스스로 마음을 열고 설교를 듣게 해야 할 필요는 있다. 그러나 이런 설교자의 설교는 청중의 감성을 자극하여 내적인 만족을 주는 개인주의적이며 체험적인 형태로 진행될 수밖에 없다. 특히 인간의 죄 문제는 점차적으로 사라질 수밖에 없다. 그뿐 아니라, 개인주의적 내면체험은 실제 성령 하나님께서 감동시켜 일어나게 할 수 있으나 지극히 주관적일 수 있다.
박성환, "변화하는 설교현장: 미국을 중심으로," 「개혁신학」 38(2013): 180-183.

19) Thomas G. Long, 『증언하는 설교』, 33.
20) 박성환, "성품 윤리와 설교의 연관성에 관한 연구: Charles L. Campbell의 설교학적 통찰력을 중심으로," 「설교한국」 3(2011): 22-24.

21) Eugene L. Lowry, The homiletical plot: The Sermon as Narrative Art Form, 이연길 역, 『이야기식 설교구성』 (서울: 한국장로교출판사, 1996), 12-13.
22) 박성환, "Eugene L. Lowry의 설교학적 고집: 로우리 고리(Lowry Loop)의 발전과 평가," 「성경과 신학」 67(2013): 108.
23) Sidney Greidanus, The Modern Preacher and The Ancient Text, 김영철 역, 『성경해석과 성경적 설교』 (서울: 여수룬, 1992), 36.
24) Sidney Greidanus, 『성경해석과 성경적 설교』, 37.
25) 메이휴는 휫트셀의 강해설교에 대한 설명을 인용하고 있다. 그러나 휘트

셸이 설명하고 있는 강해 설교에 관한 내용들 가운데 '성령의 역할'에 대한 설교학적 이해가 없는 점을 유의해야 한다.

26) Richard L. Mayhue, "Rediscovering Expository Preaching," in Rediscovering Expository Preaching, eds., John MacArthur and the Master's Seminary Faculty, 김창영 역, 『강해 설교의 재발견』 (서울: 생명의 말씀사, 1993), 35.
27) '목회와 신학'은 '글로벌리서치'와 함께 2007년 1월 20일부터 2월 5일까지 한국교회의 설교에 대한 심층 설문조사를 실시하였다. 그리고 조사 결과를 토대로 한국의 여러 설교학 교수들이 모여 심도 깊은 토의하였으며 조사 결과와 설교학자들의 통찰력은 고스란히 '두란노 아카데미' 출판사를 통하여 『한국교회 설교분석』이란 책에 담아 출판하였다.
『한국교회 설교분석』은 한국 교회에서 행해지고 있는 설교에 대한 실질적인 자료를 제공한다. 그 가운데 두 개의 도표를 인용하여 글을 전개한다.
28) 이승진, "설교의 준비: 내면화된 메시지를 위한 설교준비," 『한국교회 설교분석』 목회와 신학 편집부 (서울: 두란노 아카데미, 2009), 55, 67.
29) 이성덕, 『이야기 교회사』 (파주: 살림, 2007), 33.
30) Greidanus, 『성경해석과 성경적 설교』, 243.

31) Thomas G. Long, 『증언하는 설교』, 111.
32) 이승진, "설교의 준비: 내면화된 메시지를 위한 설교준비," 54, 69.
33) 정창균, 『고정관념을 넘어서는 설교』, 115-119.
34) Eugene L. Lowry. The Sermon: dancing of the edge of mystery, (Nashville: Abingdon Press, 1997), 42.
35) Long, 『증언하는 설교』, 142.

36) Fred B. Craddock, Preaching, 김영철 역, 『설교: 열린 체계로서의 귀납적 설교방식』 (서울: 컨콜디아사, 1989), 145.
37) Long, 『증언하는 설교』, 125.
38) Dorothy Leeds, The 7 Powers of Questions, 노혜숙 역, 『질문의 7가지 힘』

(서울: 더난출판, 2002), 17, 19.

39) David A. Noebel, Understanding The Time, 류현진 · 류현모 역 『충돌하는 세계관』 (서울: 꿈꾸는 사람들, 2013), 21.

40) William Perkins, 『설교의 기술과 목사의 소명』, 38.

41) Long. 『증언하는 설교』, 142.

42) Bryan Chapell, Christ-Centered Preaching: Redeeming the Expository Sermon (Michigan: Baker Academic, 2005), 108-109.

43) Gordon D. Fee & Douglas Stuart, How to read the Bible for All Its Worth: A Guide to Understanding the Bible, 오광만 역, 『성경을 어떻게 읽을 것인가』 (서울: 성서유니온 2000), 10.

44) Douglas K. Stuart, A Guide to Selecting Using Commentaries (Dallas: WORD PUBLISHING, 1990), 1.

45) Greame Goldsworthy, Gospel-Centred Hermenutics, 배종열 역, 『복음중심 해석학』 (서울: 기독교문서선교회 2010), 247-250.

46) Geoffrey w. Gerogan, "Writing a theological commentary: Methodological and hemenutical considerations," 「SBET」 25(2007): 4.

47) Ernest Best, "The Reading and Writing of Commentary," 「The Expository Times」 107(1996): 358.

48) Douglas K. Stuart, A Guide to Selecting Using Commentaries, 12.

49) D. S Russell, Between The Testaments, 임태수 역, 『신구약 중간시대』 (서울: 컨콜디아사 2003), 48-50.

50) Christopher Hall, Reading Scripture with The Church Fathers, (Illinois: Inter Varsity Press, 1988), cf. 137-143.

51) Ernest Best, "The Reading and Writing of Commentary," 359.

52) Christopher Hall, Reading Scripture with The Church Fathers, cf. 156-157.

53) Richard Griffiths, The Bible in the Renaissance: Essays on Biblical Commentary and Translation in the Fifteenth and Sixteenth centuries

(Burlington: Ashgate Publishing Group, 2001), 8.
54) Kavin C. Rowe, "What is a theological commentary?" 「Pro Ecclesia」 16(2007): 32.

55) Daniel Doriani, "Doctrinal preaching in historical perspective," 「Trinity Journal」 23(2002): 37.
56) Geoffrey w. Gerogan. "Writing a theological commentary: Methodological and hemenutical considerations," 14.
57) John Nolland, "The Purpose and Value of Commentaries," 「JSNT」 29(2007): 306.
58) Thomas G. Long. 『증언하는 설교』, 142.
59) Terence E. Fretheim, "Old Testament commentaries: their selection and use," 「Interpretation」 36(1982): 359.
60) Douglas K. Stuart, A Guide to Selecting Using Commentaries, cf. 12-13.

61) Fred B. Craddock, "Commentaries in use: Three appraisals," 「Interpretation」 36(1982): 386, 389.
62) Craddock, Preaching, (Nashville: Abingdon, 1985), 105.
63) Bryan Chapell, Christ-Centered Preaching: Redeeming the Expository Sermon, (Michigan: Baker, 2005). 74.
64) Elizabeth Achtemeier, Creative Preaching: Finding the Words, (Nashville: Abingdon, 1981), 50.
65) 사실 많은 설교자들에게 영어나 다른 외국어로 기술된 성경주석들이나 원어해설을 중심으로 이루어진 성경주석들을 참고하기란 쉽지 않다.

66) Ernest Best, "The Reading and Writing of Commentary," 358.
67) Haddon W. Robinson, Biblical Preaching: The Development and Delivery of Expository Messages (Michigan: Baker Book House,

1982), 64-65.
68) Douglas K. Stuart, A Guide to Selecting Using Commentaries, 2.
69) Brevard S. Childs, Old Testament books for pastor and teacher (Philadelphia: The Westminster Press, 1977).
70) Haddon W. Robinson. Biblical Preaching: The Development and Delivery of Expository Messages, 65.

71) D. A Carson, New Testament commentary Survey, (Michigan: Baker Academic, 2007).
72) John Glynn, Commentary & Reference Survey: A comprehensive guide to biblical and theological resources (Michigan: Kregel, 2003).
73) Stuart, A Guide to Selecting Using Commentaries, 20.
74) Charles W. Koller, How to Preach without Notes, 김도영 역, 『노트없이 설교하기』 (서울: 요단, 2010), 50.
75) Charles W. Koller, 『노트없이 설교하기』, 50.

76) David Buttrick, A Captive Voice: The Liberation of Preaching, 김운용 역, 『시대를 앞서가는 설교』(서울: 요단, 2002), 159.
77) Bryan Chapell, Christ-Centered Preaching: Redeeming the Expository Sermon, 김기제 역, 『그리스도 중심의 설교』 (서울: 은성, 1999), 210,272.
78) Johan Cilliers, The living Voice of The Gospel, (Stellenbosch: Sun Press, 2004), 8-9.
79) 박성환, "벤자민 워필드의 설교분석: (구) 프린스턴 신학교의 채플 설교를 중심으로," 「교회와 문화」 2012(29): 23-57. 필자가 기고한 글을 그대로 인용하였다.
80) 워필드의 설교집 두 권 - The Saviour of The World 『세상의 구주』 와 Faith and Life 『신앙과 삶』 - 은 '워필드의 명설교' 라는 한 권의 책으로 번역되어 출판되었다. Benjamin B. Warfield, The Saviour of The

World [and] Faith and Life, 원광연 역, 『워필드의 명설교』(고양: 크리스챤다이제스트 1998). 11-590.

81) 김문영, "한국기독교 채플에 대한 비평적 연구: 이머징 채플로서의 대학채플" (대구: 계명대학교, 2011), 15-16.
82) 이정관, "기독교 신앙교육을 위한 교육과정으로서의 대학채플," 『신학과 실천』 (2011), 735.
83) 김문영, "한국기독교 채플에 대한 비평적 연구: 이머징 채플로서의 대학채플" 15-16.
84) L. Praamsma, The Church in The Twentieth Century, 박종칠 역, 『20세기의 교회: 현대교회사』 (서울: 개혁주의신행협회, 1985), 13, 15.
85) Alister E. McGrath, 『복음주의와 기독교 지성』, 24.
86) 김길성은 역자서문에 개혁주의와 자유주의의 대립에 대하여 상세히 기술하였다. 조금 더 참고가 필요하다면 다음을 참고하기 바란다. J. Gresham Machen, Christianity and Liberalism, 김길성 역, 『기독교와 자유주의』 (고양: 크리스챤출판사, 2004), 6-8.
87) Stanley W. Bamberg, "Our Image of Warfield Must Go," JETS 34/2 (1991): 229.
88) 설교본문과 제목은 다음과 같다. 제1장 탕자의 비유 (눅 15:11-32); 제2장 오직 예수 (행 4:12); 제3장 하나님의 어린 양 (요 1:29); 제4장 측량할 수 없는 하나님의 사랑 (요 3:16); 제5장 바울의 복음 (고후 5:14-15, 18-19,21); 제6장 영광을 입으신 그리스도 (히 2:9); 제7장 다시 사신 예수님 (딤후 2:8); 제8장 언약의 복음 (요 6:38-39); 제9장 그리스도의 성육신을 본받자(빌 2:5-8).
89) Benjamin B. Warfield, 『워필드의 명설교』, 146.
90) Benjamin B. Warfield, 『워필드의 명설교』, 36.
91) Benjamin B. Warfield, 『워필드의 명설교』, 12.
92) Benjamin B. Warfield, 『워필드의 명설교』, 242-243.

93) Benjamin B. Warfield, 『워필드의 명설교』, 251.
94) Benjamin B. Warfield, 『워필드의 명설교』, 101.
95) Benjamin B. Warfield, 『워필드의 명설교』, 80.

96) Ronald J. Allen, Preaching is believing the sermon as theological reflection, (London: Westminster Jone Knox Press, 2002), 9.
97) Geoffrey Gerogan, "Writing a theological commentary: Methodological and hemenutical considerations," 11.
98) William C. Brownson, Jr "Planning a year's preaching through expository and catechetical preaching," 「Reformed Review」 16(1962): 8.
99) Milliard J. Erickson & James L. Heflin. Old Wine in New Wineskins: Doctrinal Preaching in a Changing World (Michigan: Baker Books, 1997), cf. 21, 29.
100) Benjamin B. Warfield, 『워필드의 명설교』, 84-99.

101) 워필드의 채플설교를 번역서가 아닌, 영문으로 된 원서를 봤다면 혹시 조건문장을 발견할 수 있을지 모른다. 그러므로 조건문장을 살펴보는 것은 다소 실수가 있을 수 있지만, 한글 번역서로 된 것을 기반으로 본 논문을 기술하고 있다는 점을 양해해 주기 바란다.
102) The Plan of Salvation과 Calvinism in Calvin and Augustin은 『구원의 계획』이란 책으로 합본 후, 모수환에 의하여 번역된 후, 크리스챤다이제스트에서 출판되었다.

Benjamin B. Warfield, The Plan of Salvation, Calvinism in Calvin and Augustin, 모수환 역 『구원의 계획』(고양: 크리스챤다이제스트, 1991); Biblical and Theological Studies는 성경신학연구(Ⅰ) 구원론이란 책으로 번역되어 엠마오에서 번역되었다. Benjamin B. Warfield, Biblical and Theological Studies, 지상우 역 『성경신학연구(Ⅰ) 구원론』 (서울: 엠마오, 1989).

103) Benjamin B. Warfield의 채플설교 가운데 성경인용은 그 빈도수가 적지 않다. 그러나 본 논문에서 채플설교에 나오는 모든 성경인용 부분을 정리하지는 않을 것이다.
단지 두 가지 특징만 집중적으로 설명하는 것이 좋을 듯 하다.
104) Benjamin B. Warfield, "The Religious Life of Theological Students," 「TMSJ」 (1995): 182.

105) Benjamin B. Warfield, "The Religious Life of Theological Students," 181.
106) Benjamin B. Warfield, "The Religious Life of Theological Students," 182.
107) Benjamin B. Warfield, "The Indispensableness of Systematic Theology to The Preacher," 「TMSJ」 (1996): 241.
108) Benjamin B. Warfield, The Indispensableness of Systematic Theology to The Preacher, 241.
109) Benjamin B. Warfield, "The Religious Life of Theological Students," 182.
110) Howard L. Rice, 『개혁주의 영성』, 93-94.

111) 이승진은 이기주의 『2012 한국인터넷백서』를 인용하며 간략히 초 미디어 시대의 한국에 대하여 간략히 설명했다.
이승진, "미디어 생태계의 변화에 따른 설교 생태계의 변화", 「복음과 실천」 27(2013), 301-302.
112) 오미영 · 정인숙, 『커뮤니케이션 핵심이론: 알기 쉬운 커뮤니케이션 길라잡이』 (서울: 커뮤니케이션북스, 2005), 11-12.
113) 이승진, 『교회를 세우는 설교목회』 (서울: CLC, 2013), 304-305.
114) John Jefferson Davis, Meditation and Communion with God: Contemplating Scripture in an Age of Distraction, 정성욱 · 정인경 역, 『묵상, 하나님과의 교통: 혼란의 시대에 성경을 상고함』 (서울: CLC, 2014), 40-41.
115) Jeremy Rifkin, The Age of Access, 이희재 역, 『소유의 종말』 (서울: 민음사, 2001), 22.

116) 유재미, "소셜 네트워크 서비스(SNS)를 활용한 마케팅 사례 연구", 「경영경제연구」 35(2012), 103.
117) 이승진, "한국교회 설교의 사사화(私事化)와 공동체 지향적 설교", 「성경과 신학」 67(2013), 47.
118) 기윤실(기독교윤리실천운동)은 글로벌리서치에 의뢰해 지난해 12월 10일, 11일 양 일간 만 19세 이상 남녀 1000명을 대상으로 전화면접조사를 통해 실시했다. 그리고 이 조사의 정확도는 표본오차는 95% 신뢰수준에서 최대오차범위 ±3.1%이다.
119) 조흥식, "2013 한국 교회의 사회적 신뢰도 여론조사 결과 분석," 「2013 한국 교회의 사회적 신뢰도 여론조사 결과발표 세미나」 (2014년 2월), 32-44.

120) Carl R. Trueman, Republocrat: Confessions of Liberal Conservative, 김재영 역, 『진보보수 기독교인』 (서울: 지평서원, 2012), 79.
121) 최승근, "우리의 삶을 형성하고 변화시키는 예배: 'Ritual' 로서의 예배", 「교회와 문화」 29(2012), 199.
122) Dell deChant, The Sacred Santa: Religious Dimensions of Consumer Culture (Cleveland: Pilgrim, 2002), 125
123) William H. Willimon, Pastor: The Theology and Practice of Ordained Ministry, 최종수 역, 『21세기형 목회자: 목회의 신학과 실천』 (고양: 한국기독교연구소, 2004), 77-81.
124) Pieterse, 77.
125) Fred B. Craddock, As One without Authority, 김운용 역, 『권위없는 자처럼』 (서울: 예배와 설교아카데미, 2003), 113.

126) Pieterse, 174.
127) Härtner & Eschmann, 157-158.
128) Pieterse, 191.
129) Härtner & Eschmann, 158.
130) Johan H. Cilliers, The Living Voice of the Gospel: Revisiting the Basic

Principles of Preaching, 이승진 역, 『설교 심포니: 살아있는 복음의 음성』 (서울: CLC, 2014), 285.

131) Cilliers, p. 286. 하이델베르크 설교분석법은 신뢰할 만한 객관적 분석 방법가운데 하나임을 알 수 있다. 왜냐하면 보렌과 데부스는 이미 이 설교분석 방법의 객관적 타당성을 증명해 보이기 위하여 1000편의 설교들을 분석하는 임상을 거쳤기 때문이다. 그러나 이 설교분석 방법은 두 실천신학자들이 설교자의 설교를 보다 객관적으로 분석하기 위해 고안된 것이다. 그러나 실리에(Cilliers)는 이것을 성도들이 활용할 수 있는 상황에 맞춰 구성하였다.

왜냐하면 성도는 설교를 들으면서 내용을 기록하며 자신에게 적용할 수 있는 쉬운 방법이 필요했기 때문이다. 아무튼 하이델베르크 설교분석법은 이미 객관성, 편리성 등이 확인된 것이기에, 성도가 활용할 수 있다면 설교 내용을 잘 파악하여 자신의 삶에 적용할 수 있을 것이다.

132) Lucy Atkinson Rose, Sharing the Word: Preaching in the Roundtable Church, 이승진 역, 『하나님 말씀과 대화설교』 (서울: CLC, 2010), 24-25.
133) 이승진, "연간 설교계획 세우기," 「헤르메네이아 투데이」 44(2008), 33.
134) Howard L. Rice, Reformed Spirituality: An Introduction for Believers, 『개혁주의 영성: 그리스도인을 위한 입문서』 (서울: CLC, 1995), 163.
135) 정창균, 『고정관념을 넘어서는 설교』 (수원: 합동신학대학원출판부, 2002), 3.
136) 이 설문 조사는 한 사람 당 약 40분의 시간동안 심층 조사를 했으며 한국교회의 담임 목사들 중 578명의 응답으로 결과를 도출했다.
다음은 90개의 문항 중 설교의 중요성과 설교가 미치는 영향력에 관한 2개의 문항과 그에 따른 결과를 소개한다. 목회와 신학, 『한국교회 설교 분석』, (서울: 두란노아카데미, 2009), 10-11, 28-29.
137) Pieterse, 45.

138) Cilliers, 267.
139) Cilliers, 270.

참고문헌

참고문헌

김문영. "한국기독교 채플에 대한 비평적 연구: 이머징 채플로서의 대학채플", (대구: 계명대학교, 2011.)
목회와 신학. 『한국교회 설교분석』, 서울: 두란노아카데미, 2009.
박목월. 『박목월 유고시집: 크고 부드러운 손』, 서울: 민예원, 2003.
오미영·정인숙. 『커뮤니케이션 핵심이론: 알기 쉬운 커뮤니케이션 길라잡이』, 서울: 커뮤니케이션북스. 2005.
유재미. "소셜 네트워크 서비스(SNS)를 활용한 마케팅 사례 연구", 「경영경제연구」 35(2012): 101-123.
이성덕. 『이야기 교회사』, 파주: 살림, 2007.
이승진. "연간 설교계획 세우기", 「헤르메네이아 투데이」 44(2008): 27-42.
이승진. "설교의 준비: 내면화된 메시지를 위한 설교준비." 『한국교회 설교분석』, 목회와 신학 편집부. (서울: 두란노 아카데미, 2009): 67-81.
이승진. "미디어 생태계의 변화에 따른 설교 생태계의 변화", 「복음과 실천」 27(2013): 301-334.
이승진. 『교회를 세우는 설교목회』, 서울: CLC, 2013.
이정관. "기독교 신앙교육을 위한 교육과정으로서의 대학채플", 『신학과 실천』, (2011): 733-756.

정창균. 『고정관념을 넘어서는 설교』, 수원: 합동신학대학원출판부, 2002.
조흥식. "2013 한국 교회의 사회적 신뢰도 여론조사 결과 분석", 「2013 한국 교회의 사회적 신뢰도 여론조사 결과발표 세미나」(2014년 2월): 29-57.
최승근. "우리의 삶을 형성하고 변화시키는 예배: 'Ritual' 로서의 예배", 「교회와 문화」 29(2012): 197-222.

Achtemeier, Elizabeth. Creative Preaching: Finding the Words. Nashville: Abingdon, 1981.
Allen. Ronald J. Preaching is believing the sermon as theological reflection. London: Westminster Jone Knox Press, 2002.
Bamberg, Stanley W. "Our Image of Warfield Must Go", 「JETS」 (1991): 229-241.
Best, Ernest. "The Reading and Writing of Commentary.", 「The Expository Times」, 107(1996): 358-362.
Brownson, William C. "Planning a year's preaching through expository and catechetical preaching", 「Reformed Review」, 16(1962): 3-13.
Buttrick, David. A Captive Voice: The Liberation of Preaching. 김운용 역. 『시대를 앞서가는 설교』, 서울: 요단, 2002.
Campbell, Charles L. 『The Word before the power: An Ethic of preaching』, Louisville: Westminster John Knox Press, 2002.
Carson, D. A. New Testament commentary Survey. Michigan: Baker Academic, 2007.
Childs, Brevard S. Old Testament books for pastor and teacher. Philadelphia: The Westminster Press, 1977.
Chapell, Bryan. Christ-Centered Preaching: Redeeming the Expository Sermon. 김기제 역. 『그리스도 중심의 설교』, 서울: 은성, 1999.
Chapell, Bryan.Christ-Centered Preaching: Redeeming the Expository Sermon. Michigan: Baker, 2005.
Cilliers, Johan. The living Voice of The Gospel. Stellenbosch: Sun Press, 2004.
Craddock, Fred B. "Commentaries in use: Three appraisals.", 「Interpretation」, 36(1982): 386-389.

Craddock, Fred B. Preaching. Nashville: Abingdon, 1985.
Craddock, Fred B. Preaching. 김영철 역. 『설교: 열린 체계로서의 귀납적 설교 방식』, 서울: 컨콜디아사, 1989.
Craddock, Fred B. As One without Authority. 김운용 역. 『권위없는 자처럼』, 서울: 예배와 설교아카데미, 2003.
Davis, John Jefferson. Meditation and Communion with God: Contemplating Scripture in an Age of Distraction. 정성욱·정인경 역, 『묵상, 하나님과의 교통: 혼란의 시대에 성경을 상고함』, 서울: CLC, 2014.
deChant, Dell. The Sacred Santa: Religious Dimensions of Consumer Culture. Cleveland: Pilgrim, 2002.
Doriani, Daniel. "Doctrinal preaching in historical perspective", 「Trinity Journal」, 23(2002): 35-52.
Erickson, Milliard J & James L. Heflin. Old Wine in New Wineskins: Doctrinal Preaching in a Changing World. Michigan: Baker Books, 1997.
Fee, Gordon D. & Douglas Stuart. How to read the Bible for All Its Worth: A Guide to Understanding the Bible. 오광만 역. 『성경을 어떻게 읽을 것인가』, 서울: 성서유니온 2000.
Fretheim, Terence E. "Old Testament commentaries: their selection and use", 「Interpretation」, 36(1982): 356-371.
Gerogan, Geoffrey. "Writing a theological commentary: Methodological and hemenutical considerations", 「SBET」, 25(2007): 4-26.
Glynn, John. Commentary & Reference Survey: A comprehensive guide to biblical and theological resources. Michigan: Kregel, 2003.
Goldsworthy, Greame. Gospel-Centred Hermenutics. 배종열 역. 『복음중심 해석학』. 서울: 기독교문서선교회 2010.
Greidanus, Sidney. Sola Scriptura: Problems and Principles in Preaching History Texts. 권수경 역. 『구속사적 설교의 원리』, 서울: 학생신앙운동, 1989.
Greidanus, Sidney. The Modern Preacher and The Ancient Text. 김영철 역. 『성경해석과 성경적 설교』, 서울: 여수룬, 1992.
Griffiths, Richard. The Bible in the Renaissance: Essays on Biblical Commentary

and Translation in the Fifteenth and Sixteenth centuries. Burlington: Ashgate Publishing Group, 2001.

Hall, Christopher. Reading Scripture with The Church Fathers. Illinois: Inter Varsity Press, 1988.

Härtner, Achim & Holger Eschmann. Predigen Lernen: Ein Lehrbuch für die Praxis. 손성현 역. 『다시 설교를 디자인하라』, 서울: kmc, 2014.

Klooster, Fred H. A Mighty Comfort: The Christian Faith According to the Heidelberg Catechism. 이승구 역. 『하이델베르그 요리문답에 나타난 기독교 신앙』, 서울: 여수룬, 1992.

Koller, Charles W. How to Preach without Notes. 김도영 역. 『노트없이 설교하기』, 서울: 요단, 2010.

Leeds, Dorothy. The 7 Powers of Questions. 노혜숙 역. 『질문의 7가지 힘』, 서울: 더난출판, 2002.

Long, Thomas G. The Witness of Preaching. 이우제 · 황의무 역. 『증언하는 설교』, 서울: 기독교문서선교회, 2007.

Lowry, Eugene L. The homiletical plot: The Sermon as Narrative Art Form, 이연길 역. 『이야기식 설교구성』, 서울: 한국장로교출판사, 1996.

Lowry. Eugene L. The Sermon: dancing of the edge of mystery. Nashville: Abingdon Press, 1997.

Machen, J. Gresham. Christianity and Liberalism. 김길성 역. 『기독교와 자유주의』, 고양: 크리스챤출판사, 2004.

McGrath, Alister E. A Passion for Truth: The Intellectual Coherence of Evangelicalism. 김선일 역. 『복음주의와 기독교 지성』, 서울: IVP, 2001.

Mcluhan, Marshall. Understanding of Media. 박정규 역. 『미디어의 이해』, 서울: 커뮤니케이션북스, 2001.

Mayhue, Richard L. "Rediscovering Expository Preaching" in Rediscovering Expository Preaching. eds., John MacArthur and the Master's Seminary Faculty. 김창영 역. 『강해 설교의 재발견』, (서울: 생명의 말씀사, 1993): 25-51.

Noebel, David A. Understanding The Time. 류현진·류현모 역. 『충돌하는 세계관』, 서울: 꿈꾸는 사람들, 2013.

Nolland, John. "The Purpose and Value of Commentaries", 「JSNT」, 29(2007): 305-311.

Perkins, William. The Art of Prophesying & The Calling of the Ministry. 채천석 역. 『설교의 기술과 목사의 소명』, 서울: 부흥과 개혁사, 2006.

Pieterse, H. J. C. Communicative Preaching. 정창균 역.『청중과 소통하는 설교』, 수원: 합신대학원출판부, 2002.

Plantinga, Cornelius. Reading for Preaching. 오현미 역. 『설교자의 서재』, 서울: 복있는 사람, 2014.

Praamsma, L. The Church in The Twentieth Century. 박종칠 역. 『20세기의 교회: 현대교회사』, 서울: 개혁주의신행협회, 1985.

Rice, Howard L. Reformed Spirituality: A Introduction for Believers. 황성철 역. 『개혁주의 영성』, 서울: 기독교문서선교회, 1995.

Rifkin, Jeremy. The Age of Access, 이희재 역. 『소유의 종말』, 서울: 민음사, 2001.

Robinson, Haddon W. Biblical Preaching: The Development and Delivery of Expository Messages. Michigan: Baker Book House, 1982.

Rose, Lucy Atkinson. Sharing the Word: Preaching in the Roundtable Church. 이승진 역. 『하나님 말씀과 대화설교』, 서울: CLC, 2010.

Rowe, Kavin C. "What is a theological commentary?", 「Pro Ecclesia」, 16(2007): 26-32.

Russell, D. S. Between The Testaments. 임태수 역. 『신구약 중간시대』, 서울: 컨콜디아사, 2003.

Shedd, William G. T. Homiletics and Pastoral Theology. London: The Banner of Truth Trust, 1965.

Stott, John R. W. Preacher's Portrait. 채경락 역. 『설교자란 무엇인가』, 서울: IVP, 2010.

Stuart, Douglas K. A Guide to Selecting Using Commentaries. Dallas: Word Publishing, 1990.

Sungwhan, Park. Ethical Preaching in Contemporary Korean Protestantism: A

Critical Reflection. Stellenbosch: Stellenbosch University, 2010.

Trueman, Carl R. Republocrat: Confessions of Liberal Conservative. 김재영 역. 『진보보수 기독교인』, 서울: 지평서원, 2012.

Warfield, Benjamin B. "The Religious Life of Theological Students", 「TMSJ」 (1995): 181-195.

Warfield, Benjamin B. "The Indispensableness of Systematic Theology to The Preacher", 「TMSJ」 (1996): 241-249.

Warfield, Benjamin B. The Saviour of The World [and] Faith and Life. 원광연 역. 『워필드의 명설교』, 고양: 크리스챤다이제스트 1998.

Walsh, Brian & Sylvia Keesmaat. Colossians Remixed: Subverting The Empire. 홍병룡 역. 『제국과 천국』, 서울: IVP, 2011.

Willimon, William H. Pastor: The Theology and Practice of Ordained Ministry, 최종수 역. 『21세기형 목회자: 목회의 신학과 실천』, 고양: 한국기독교연구소, 2004.

* 책 내용에 담긴 저자의 소논문들:

"하이델베르크 설교분석 방법론(The Heidelberg Method of Sermon Analysis)을 통한 설교자 자신의 설교문 점검", 「개혁신학」, 22(2010): 83-99; "설교자와 성경주석: 성경주석서의 선택과 활용", 「설교한국」, 3(2011): 152-176; "성품 윤리와 설교의 연관성에 관한 연구: Charles L. Campbell의 설교학적 통찰력을 중심으로", 「설교한국」, 3(2011): 9-45; "벤자민 워필드의 설교분석: (구) 프린스턴 신학교의 채플 설교를 중심으로", 「교회와 문화」, 2012(29): 23-57; "설교학 사전을 소개합니다", 「목회와 신학」, 4(2012): 226-230; "강해설교", 「개혁신학」, 24(2013): 143-189; "변화하는 설교현장: 미국을 중심으로", 「개혁신학」, 38(2013): 168-197; "Eugene L. Lowry의 설교학적 고집: 로우리 고리(Lowry Loop)의 발전과 평가", 「성경과 신학」, 67(2013): 99-134; "설교 중심의 예배를 통한 성경묵상: 초 미디어 사회의 커뮤니케이션 변화", 「개혁신학」, 26(2015): 112-141.